终极塑身计划

12周打造完美体形

Your Ultimate Body Transformation Plan:
Get into the best shape of your life
in just 12 weeks

[英] 尼克 · 米切尔(Nick Mitchell) 著
田琳 译

電子工業出版社
Publishing House of Electronics Industry
北京 · BEIJING

内容简介

英国著名健身教练、极限能力（Ultimate Performance）创始人尼克·米切尔在本书中记录了他的健身学员乔·华纳在12周内的体形蜕变过程，并以此为蓝本，提出了适用于大多数健身者的终极塑身计划。作者从心态、训练、饮食、睡眠等方面做出了详细而具体的指导，向读者传授了在最短时间内产生最大锻炼效果的生活法则，教会读者思考并制订适合自己的独一无二的训练计划。

图书在版编目（CIP）数据

终极塑身计划：12周打造完美体形 /（英）尼克·米切尔（Nick Mitchell）著；田琳译. —北京：电子工业出版社，2017.6
书名原文：Your Ultimate Body Transformation Plan: Get into the best shape of your life - in just 12 weeks
ISBN 978-7-121-31527-5

Ⅰ. ①终… Ⅱ. ①尼… ②田… Ⅲ. ①形体－健身运动 Ⅳ. ①G831.3

中国版本图书馆CIP数据核字（2017）第 102217 号

责任编辑：张　毅　zhangyi@phei.com.cn
特约审稿：张　猛
印　　刷：嘉业印刷（天津）有限公司
装　　订：嘉业印刷（天津）有限公司
出版发行：电子工业出版社
北京市海淀区万寿路173信箱　邮编：100036
开　　本：710×1000　1/16　印张：16.5　字数：294千字
版　　次：2017 年 6 月第 1 版
印　　次：2019 年 6 月第 6 次印刷
定　　价：89.00元

凡所购买电子工业出版社图书有缺损问题，请向购买书店调换。若书店售缺，请与本社发行部联系，联系及邮购电话：（010）88254888，88258888。
质量投诉请发邮件至zlts@phei.com.cn，盗版侵权举报请发邮件至dbqq@phei.com.cn。
本书咨询联系方式：（010）57565890，meidipub@phei.com.cn。

终极塑身计划

12周打造完美体形

Your Ultimate Body Transformation Plan:
Get into the best shape of your life
in just 12 weeks

[英] 尼克 · 米切尔(Nick Mitchell) 著
田琳 译

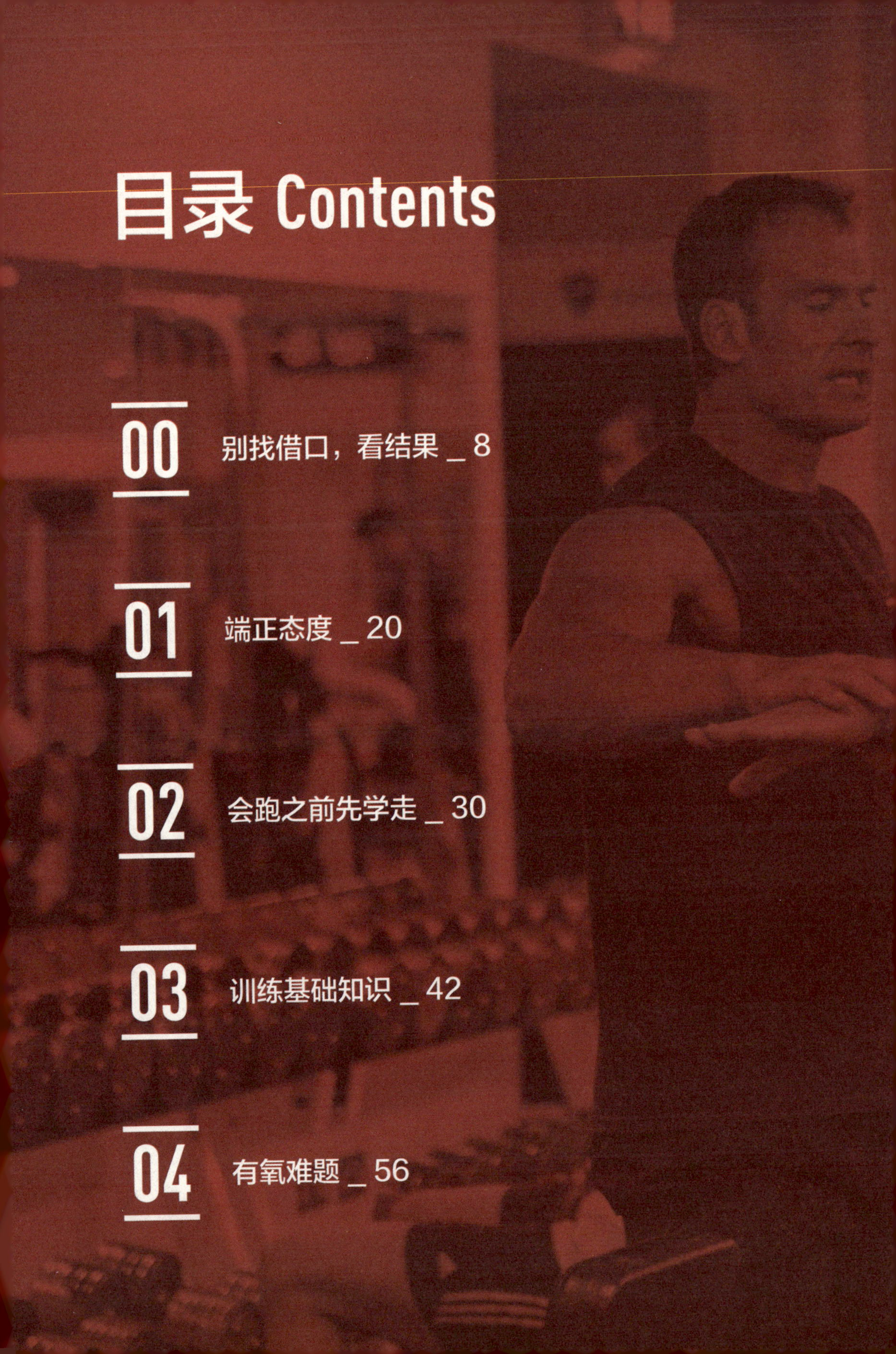

目录 Contents

尼克·米切尔

我叫尼克·米切尔，是极限能力（Ultimate Performance）（www.upfitness.co.uk）的创始人，这里有全世界为数最多的健身专家，他们都是擅长改造身体成分的私人健身教练。这本书的写作目的和灵感在于指导你循序渐进地进行全面塑身。实际上，我是唯一一位将体形糟糕的“普通人”，改造成能登上英国领先的健身杂志封面的教练，这为所谓“塑身”的收获开辟了一片新天地。告诉你吧，你可以实现你想要的结果。

但这不是轻松就能达到的。这本书里不会有甜言蜜语似的建议，这里没有废话。把各种借口和自我怀疑统统埋藏起来，接受挑战，塑造你平生最好的身材吧！

所以，你还在等什么？

00

别找借口，看结果

本书是为那些想要达成有点儿特别的目标的读者写的，是为那些曾经在改善体形上浪费过时间、现在想要一份行之有效的计划的读者写的。这份计划曾经一次次地帮助了成千上万的人，他们都是普通人，并不常去健身房，也不痴迷于控制饮食。

本书不是为那些永远只沿着阻力最小的道路前进的人写的。如果你是这样的人，现在就把它放回书架上，去找那些只会说你爱听的话——而不是你需要听的话——的书看吧。

因为现在你进入了我的世界。

对于一个外人来说，这是个有点儿陌生的世界。

在这个世界里，我们不鼓励平庸，也不会向你兜售轻松的捷径。

这里的每个人都是平等的，只要他愿意刻苦努力，全力以赴。

不管你在“现实世界”里是谁，踏进我的领域就得听我的，否则你就会失败。

我们没时间辩论和争执了，也没有这样的余地。就让社交媒体爱好者们把生命浪费在喋喋不休——而不是亲身实践上吧。

这是个绝对由结果决定的世界，机会只留给那些愿意采取行动，并最终做出改变的人。

你们中有些人会全力以赴，彻底改变自己的。

其他人则无法付出这么多，因此只能取得一定的进步。你付出多少，就会得到多少，如果你的目标平庸，那么结果也会反映出这一点。我不是来评判这一切的，我是为了让你获得配得上你的努力的体形。

我希望本书能反映我在自己的私人健身房（www.upfitness.co.uk）里都做了些什么，它革命性地把健身行业从“轻松的玩闹”变成了严肃可靠的结果制造机器。如何使用这台机器由你自己决定；只是要记住一点：尽管这本书里的建议是我一生事业中相当重要的一部分总结，但除非你有勇气投入行动，否则知识本身是完全没用的。

而且这种行动不能只有寥寥几天，当我们身体里那个懒惰、拖延、屡找借口的自我昂起丑陋而消极的头颅时，要无情地背过身，坚持下去。

我会是你纸面上的私人教练

有人说我是这个世界上最成功的私人教练。

我真的不在乎这种夸张的说法，但我确实在乎两个彼此联系的目标：

1.我一直想在私人教练行业内做到独一无二。

2.我相信，能做到这一点的唯一途径是始终坚定地追求结果。这意味着我们不提供柔软的毛巾，不会花一分钱在公关营销上，我们的更衣室和所谓竞争对手的更衣室在奢华程度上相去甚远，你投入的每一分钱、每一秒钟都只是为了实现一个目标——**在最短时间内获得最大的效果。**我的理念是只专注于提供有形的、有价值的回报。

在最短时间内获得最大的效果

本书的精髓就在于在最短的时间内获得最大的效果。如果你能理解这一点，我们就已经向着实现你的目标迈出了重要的第一步。

我希望——不，我要求——你变得急躁起来。如果你缺乏紧迫感，就会三天打鱼两天晒网，想尽办法找各种借口，最终导致失败。

在以下各章里，我们会为你画出一份蓝图，教你如何塑造自己想要的体形。这就是我的男性“终极塑身计划”——它涵盖了所有内容，从初学者在健身房应该做什么，到你想要平稳推进时应该如何保持训练成果；从怎么吃才能最大限度地增肌，到怎样安排饮食才能迅速减脂；而本书的核心是一份为期12周的训练指南，这是全世界所有健身书籍里第一份能让你自己控制想要重点训练和改善的身体部位的计划。这不是让你自己彻底另起炉灶，而是让你发现一种让训练计划为你服务的新方法。

我希望在自己能做到的能力范围之内成为你的私人教练。

现代科技的美妙之处在于：比起只是提供这本书让你自生自灭，现在只需要多一点儿额外的努力和关心，我们就能提供多得多的东西。事实上，在训练中，很多人从来都不知道真正的所谓高强度意味着什么，这会给你带来巨大的危险。

幸运的是，或者说，对交织在你肌肉周围的痛觉感受器而言不幸的是，本书不仅可以作为你训练计划的基础，而且我们还提供以下所有的增值服务。

计划执行中可以随时咨询

如果对本计划有任何疑问，最简单的办法是在推特（Twitter）上进行提问（@HeyNickMitchell），我会亲自解答。你只须把这本书的漂亮封面当作个人头像，然后提问就行了。

正确的训练动作

在本书中，我们已经尽力用插图说明了每个动作，这样你就能准确地知道自己在健身房里应该怎么做，但我也承认二维照片有其局限性。如果你需要更多的指导，可以在www.UltimateTransformation.Guide网站或是Shazam上找到视频下载，我亲自示范了本书中包括的每个训练动作。

社交媒体支持

没有人是一座孤岛，我更在乎你能否完成任务，而不仅仅只是做做样子。我们为本书读者在www.UltimateTransformation.Guide网站上建立了独家网络论坛。这是个与和你一样的人分享故事、激励他人，并从他人那里得到激励的绝佳机会。

终极塑身竞赛

如果说我从人们的塑身动机中学到了一个道理的话，那就是清晰明确的目标胜过一切。我们为通过12周塑身计划取得最佳健身效果的读者们举行了一场大规模竞赛，所有细节都可以在网站（www.UltimateTransformation.Guide）上找到。相信我，我要告诉你的是：为了让你身体的重点部位得到改善，你能做的最有意义的事就是让自己投入这场竞赛。

你能期待取得什么样的效果呢?

你能达到的效果主要取决于以下三个因素。

你的父母

抱歉，我无法控制你的基因，你的身体终究是由你个人的DNA决定的。没人能改变你锁骨的形状或腹肌的长度，但这本书里包括了一份独一无二的计划，能帮助你用一种非常精确的方式进行塑身。不过，这并不是一份对所有人都效果相同的通用计划。

你可以挑选自己想要改善的身体部位进行训练，就像你和我在健身房里一对一训练一样。

时间

我希望能在短短几周内就为你塑造出理想的体形。但结果——以及你开始把结果当成是“对身体受到的刺激的积极适应”的思维方式——总是与时间成正比的。是的，对有些人来说，惊喜甚至可以在短短6周之后就发生了，但你锻炼的时间越长，效果就越好。

这本书里的计划为期12周，但它可以调整为任何一种最适合你的时间表。你可以用一年的时间按照这本书进行训练，计划中包括了足够多的变化，你不会觉得无聊或是无法看到效果。开个小玩笑——希望这也是一种巨大的鼓舞，以下是我最著名的塑身对象之一在塑身前和塑身后的照片对比。我向你保证这些照片没有经过任何数字处理，甚至在塑身前的照片里都没有让他故意把肚子挺出来。这种变化只花了格伦·帕克15周的时间！你可能不希望像格伦一样发生如此巨变，但看到这些照片后，你的借口就该烟消云散了。

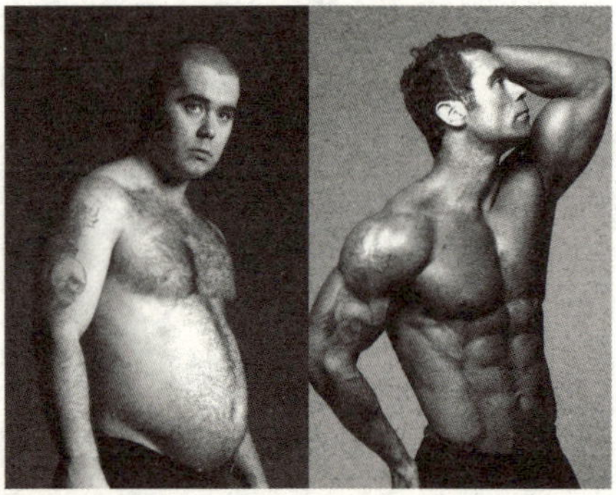

努力

看到榜样了吧？最大程度的努力——如果是聪明的努力的话——等于最大程度的效果。

我不能告诉你你会有多大的改变，但我可以向你保证，如果你全力以赴，就一定会为自己达到的效果感到惊讶。结果在你自己的手中，就像在下面这些照片中那位执行了12周健身计划的人一样。

我的塑身之路

——乔·华纳

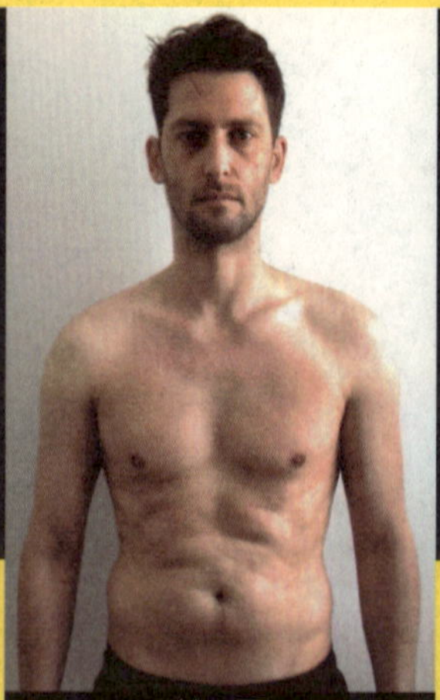
第0周

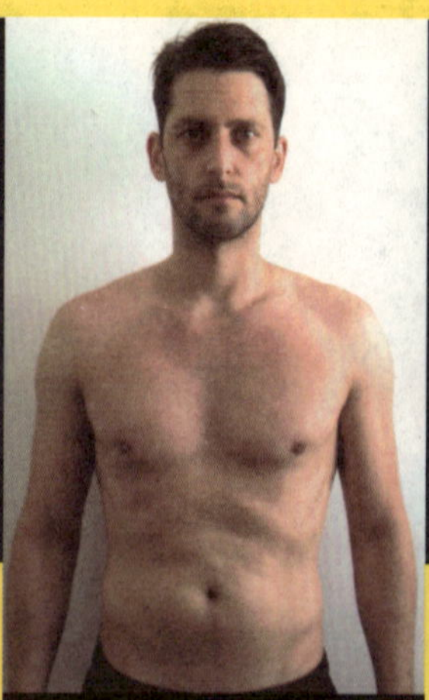
第1周

有时我希望自己从来没见过尼克·米切尔。这种感觉不会持续很久——一般在每次训练中，当他把我远远地推出舒适区，让我觉得自己要灵魂出窍时会持续一分钟左右。不过，如果你想在最短的时间内最大限度地增肌减脂，你就得这么做。想快速取得惊人的效果，没人比尼克做得更好了。

我第一次见到尼克是在大约6年前，当时我是英国《男性健身》（Man’s Fitness）杂志的副主编。而他成了这份杂志的固定撰稿人，他在改变身体成分方面的知识和经验让我产生了两个念头：一个是，一个已经年满30岁的家伙是否有可能把马拉松选手式的身材变成封面模特式的；另一个则是，如果答案是肯定的，这需要多长时间？尼克的回答是——有可能，12周——但他同时也警告我说，只有我绝对服从他说的每句话这才可能实现。我服从了，结果是我登上了2012年9月的《男性健身》封面，不久之后又登上了全球畅销书《12周健身计划》的封面。

我们证明了一点：如果你把这件事当作最重要的任务，全力以赴的话，那么在短短3个月的时间里让你的身体发生惊人的变化是可能的。

但事实证明，对我来说，保持新的体形远比之前塑造它时要困难得多。

回到原点

我们快进3年，来到2015年4月，这是我一生中体形最糟糕的阶段。我对此听之任之有很多原因，但最重要的原因是我辞了职，建立了自己的出版公司，推出了名为《硬

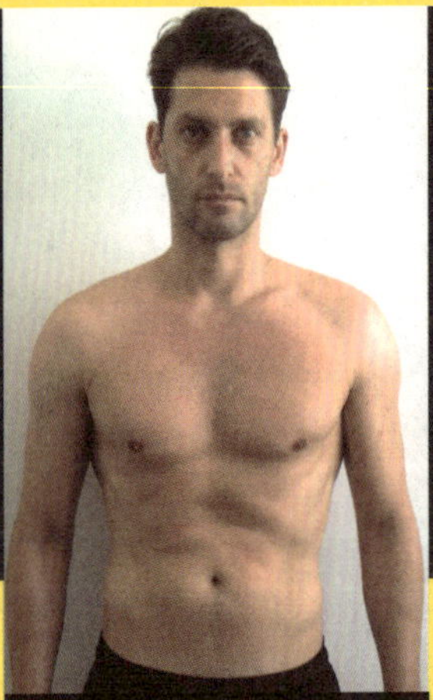
第2周

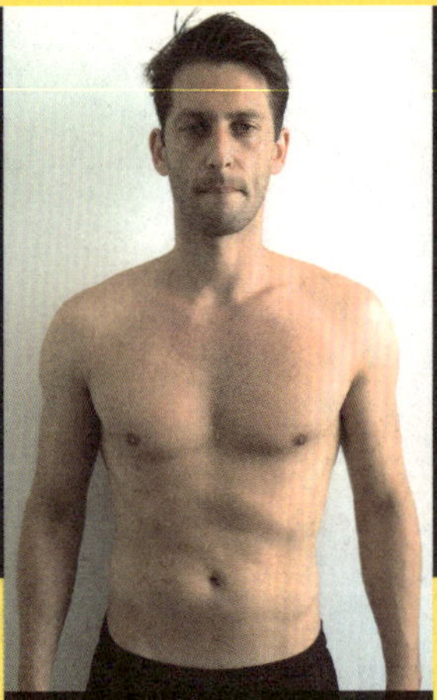
第3周

第4周

派生活》（IronLife）的新杂志应用程序。新工作需要我投入大量的时间，需要国际旅行，压力巨大，还要求我快速掌握一系列全新的技能，每天都要面对之前从未经历过的新挑战并战胜它。

任何一个工作繁忙的人都知道，你的工作时间越长，就越难找到时间锻炼，或是根本就无心锻炼了。而一旦你每周去四次健身房的习惯摇身一变成了每周上四次酒吧，就根本不可能维持目前的肌肉量或体脂率，更不用说改善了。注意饮食也变得更加困难，很快你就陷入了恶性循环，看着自己的体形每况愈下，并且要从这种螺旋式下降中挣脱出来就变得越来越困难。

在我意识到这个问题之前，我的体重和接受封面模特挑战行将结束时的体重一样——大约75千克——但体脂率已经从个位数上升到了25%左右。我看上去比33岁的实际年龄要大上一轮，心理感觉也是如此。

总而言之，我的身材走形了，往坏的方向。

不可能完成的任务

我就是在这时接到了尼克的电话。我所知道的下一件事就是自己已经坐在一架飞往西班牙的飞机上了——尼克在阳光海岸（Costa del Sol）的马贝拉开了一间最先进的健身房，他让我去当这本书的小白鼠。

如果说我很紧张，恐怕有点儿轻描淡写。我不认为自己这辈子还有比这更焦虑的时候。我不仅体形糟透了，非常怀疑12周时间够不够把我的肚腩变成6块腹肌，而且还是在事

第5周

第6周

第7周

业上一个极其关键的时间点离开了伦敦。《硬派生活》的上线十分成功，因此我们已经到了推出第二本杂志的后期准备阶段，这次是一本叫做《硬汉》（Alpha Man）的男性健身生活杂志。我如果出国就会错过许多重要的编辑会议和商务会议，并错过推出一本新杂志背后所必须承担的一切团队工作。

第二天早上，我在健身房见到了尼克，他一点儿也没能让我的“我们是否面对着一项不可能完成的任务”的担忧减轻一点儿——我脱掉上衣，去拍第1周的照片时，他笑得根本停不下来。但随后，他让我坐下来，详细说明了他的计划，这让我想起了为什么他是最出色的教练之一。没错，他说，我的初始状态非常糟糕——“你肚子上有橙皮脂肪。30年来我从来没见过男人的肚子上有这个。”——但这次我有一个自己上次没有的重要优势：我非常清楚地知道接下去会有多艰苦。

他在这次谈话中准确地总结了任何成功的塑身挑战的核心：那就是正确的心态。你需要毫不犹豫地把自己扔进这样的挑战里。你需要承认：这会很艰难，会很痛苦，有些时候很想甩手不干了，但你需要把它当成自己最想要做到的事。而当我看到几分钟前在西班牙的阳光下拍的“塑身前”的照片上脸色苍白疲惫、身材瘦弱却又充满脂肪的自己时，我就充满了要战胜这一挑战所需的全部动力。

尼克随后解释了我们要如何去应对这个挑战。他说，你想要让身体的成分发生积极变化，需要在100个方框里打钩，你一次勾得越多，进展就会越

第8周

第9周

第10周

快。我在到达马贝拉之前只勾了他100个方框里的第一个：活着。现在，我需要开始尽可能多地打钩。他的经验很简单：同时把很多小事做对——无论它们看起来多么微不足道，多么不相干，这些小事很快就会积累起来，送你踏上前进的康庄大道。

在方框里打钩

从第2天起，我就开始大规模地在他的方框里打钩了。我开始训练——一个方框。但我不只是完成那些动作，在尼克的持续指导下，我开始训练得更加聪明、更加努力——另一个方框。我开始思考每一次动作，把精力集中在举起和放下重物时所训练的肌肉的感觉上——又一个方框。此外，我不再去想自己有多痛苦，有多想停下来了，而是专注于为什么我在那里，又想实现什么目标。打钩，打钩，打钩。

我也开始吃得更好。不仅是更健康——我和以前的饮食习惯彻底分道扬镳了，再也不会错过一顿饭或是叫外卖，我会认真考虑送进嘴里的每一口食物。我也非常有意识地努力提高自己入睡的速度和保持睡眠的时间。

突然之间，我开始在左中右的方框里同时打钩了。猜猜发生了什么？我的体形开始改变了，而且速度很快。肚子上的脂肪正在消失，我开始长肌肉了。

我认为，如果你想彻底改变自己只穿内衣时的样子，就不要再妄想可以用超量训练战胜糟糕的饮食习惯，不要再相信自己从饮食中摒弃所有的脂肪就会变得精干，也不要再企图蜡烛两头烧地把自己累垮。

第11周

因为塑身成功的关键在于创造一种整体大于各部分总和的生活方式。把很多小事做对的积极效果不只是每件小事的效果的简单叠加，而是加倍——结果你会得到更大的收益：更高的能量水平，更强的激素分泌，更好的消化功能；脂肪消耗增加，肌肉量增加，积极性增加；压力小了，瘾少了，怀疑没了。

第12周

任务完成了吗？

我还不知道这次塑身的结果是不是尼克和哈珀·柯林斯公司（本书的出版商）希望看到的成功。能在这么短的时间内取得这样的进步，我自己已经欣喜若狂了，我从来没有觉得自己看起来或感觉上比现在更有型、更健康、更快乐过。但我们所做的一切是不是已经足够让这本书变成现实了，这还要拭目以待。

我是在返回伦敦的飞机上写最后这一段的，这时距离拍完“塑身后”的照片刚刚过去几天。我想，如果你正读到这篇文章，那我就做到了，我成功地将自己打造成了一本书的封面人物。现在该轮到你了。

01

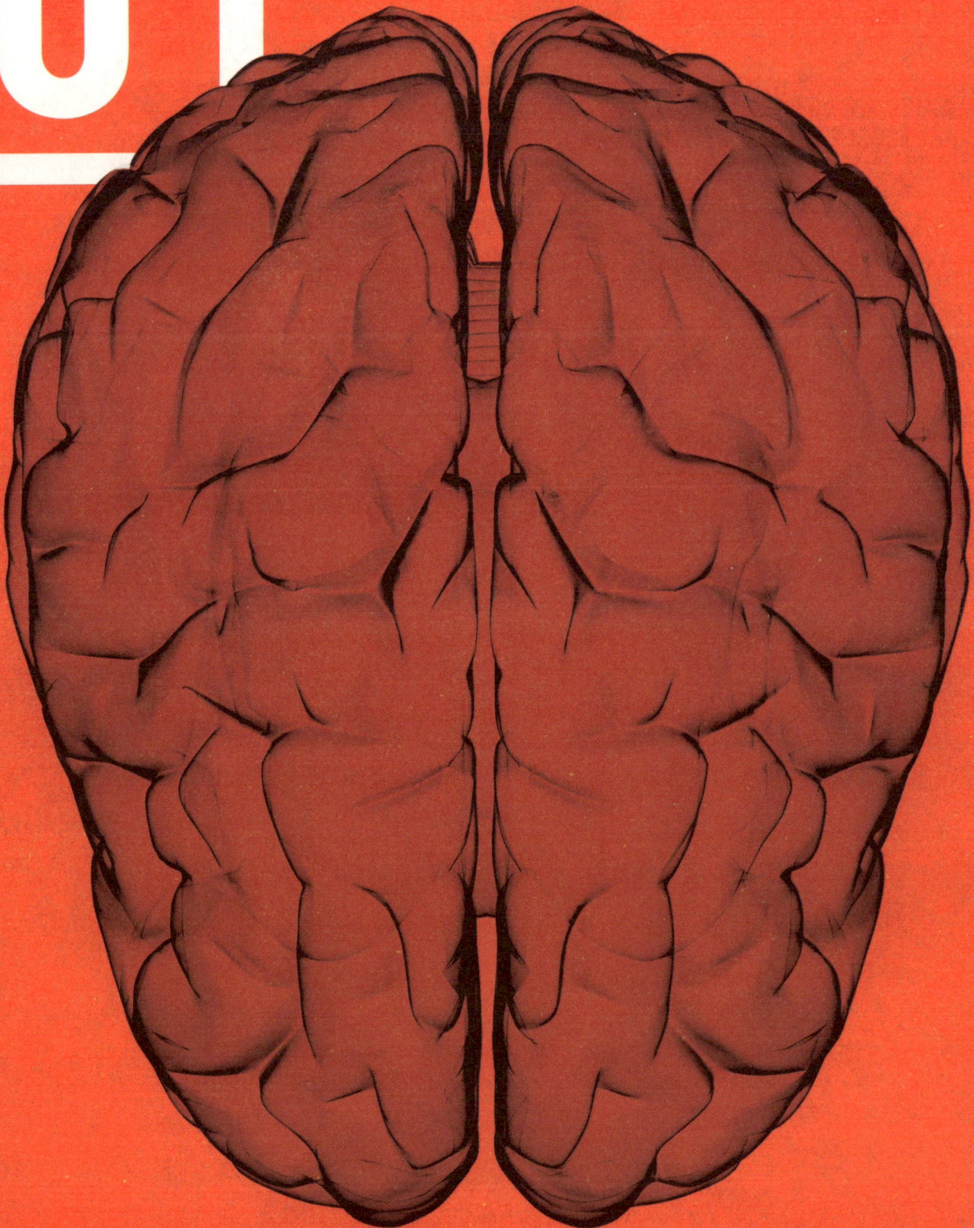

端正态度

大多数人都会认为这本书是“运动和饮食指南”，但我却选择用写心态的一章来开篇，你觉得奇怪吗？

要是你觉得这看起来很奇怪，那么要么是你要调整心态，要么是你已经为自己上紧了发条，完全可以跳过这一章了。对极少数属于后者的读者，我要说：恭喜你，你基本上可以战无不胜了，因为你懂得了**专注**的力量。

别怪父母

你可能会认为，父母把你生成什么样子，你的身体就会一直是什么样子，不管怎么说，基因是无法改变的。但有种巧妙的方法能帮你把身体塑造出全新的面貌。这本书就是讲这个的。

所有的锻炼方式都很棒，但这本书里的方案集中关注于阻抗训练，因为正确进行的重量训练方案才是最有效的塑形塑身方式。

你照镜子时看到的可能是一大堆毫无线条感的赘肉，但我看到的却是一块块雕塑用的黏土，它已经准备好要塑造出迥然不同的东西了。

你照镜子时看到的可能是一大堆毫无线条感的赘肉，但我看到的却是一块块雕塑用的黏土，它已经准备好要塑造出迥然不同的东西了。这正是你的**终极塑身计划**的一个重要前提：它让你自己来决定最想改善的身体部位。

但是首先，我必须发表一条小小的免责声明：即便严格遵循本书的指导，也无法让一个窄肩的人的锁骨间距变宽。

要是你的腹肌不对称，那它们永远都不会对称。粗短的腿始终都是短腿，说实话，也始终都会有点粗。简单说吧，你无法改变基因，打破自然，但你可以创造出一种假象。

很多人都认为我是宽肩，但事实并非如此，我是个窄肩的瘦高个儿。但我练厚了自己的三角肌，这就会给人留下肩宽的印象了。

更进一步，我练厚了自己的背肌，练出了更漂亮的V字形身材，这样看起来肩就显得更宽了。然后我把腰部练得更紧实，更纤细，这就会进一步加强肩宽的假象。

所以，你需要做的是审视自己的身体，看看你最希望在什么地方创造出这种“假象”。别光拍照，找个人从各个角度帮你拍些视频。现实可能非常不容乐观。但现在你已经有了黏土，未来的雕塑就在你自己的手中。

独一无二的训练计划

我是要为本书的读者写一份训练计划，还是为我能经常见到、能与之对话、能对其进行评估的人编写一份训练计划呢？我要在这两者之间做出权衡。

所谓权衡的结果就是：在这本书里，我要教会你如何尽可能地以最低的成本获得最佳的训练效果，但这样做就要以牺牲个性化为代价。我认为这样做是值得的，但同时我也敏锐地意识到，主流健身出版物还从来没有妥善地解决过这个问题。

直到现在。

如果你想要一个非常有效、内容广泛、已经帮助过成千上万人的训练方案，你只需要到www.UltimateTransformation.Guide去免费下载我的第一本畅销书《12周健身计划》中的12周训练方案就可以了。那个训练方案非常艰苦，也非常有效，对任何想要塑身的人都有帮助。但我总觉得它只是讲了我如何帮助这本书的封面模特乔·华纳登上《男性健身》杂志封面的故事，有太多内容都被忽略了。

我们帮助乔塑身的训练方案独一无二，只适合乔，我不会给其他任何人使用与之完全一模一样的方案。

而本书不仅在许多方面遵循了《12周健身计划》中的前提，而且在内容的深度和广度上都有提升，它可以让每位读者按自己独特的审美进行训练，为了做到这一点，我在书中介绍了一系列常规训练动作，你可以自行决定如何选用。

在使用本书进行训练的过程中，你不必严格遵循一份一成不变、完全无需自己计划的12周训练方案；相反，你现在必须更多从自己的角度进行一些思考。

本书中的基本方案是为期12周的基础训练计划，你需要在此基础上加上每周需要强化的身体部位的专项训练。有一些规则是你必须遵守的，所以我恳请你逐字逐句地仔细阅读本书的训练部分。比如说，12周不间断的手臂专项训练实际上并不利于你练出令人印象深刻的手臂肌肉，反而会让你退步。

如果你有任何疑问，请记住，任何有关这一计划的问题都可以在推特上向我提问（@HeyNickMitchell），只不过你要把本书的封面设置成你的（临时）头像。

我作为成功教练的秘密，以及你可以从中学到的东西

你知道为什么我的客户的训练效果总好于我认识的其他任何私人教练的客户吗?

你知道为什么我的极限能力（UP）团队总是比健身行业其他团队的表现都出色得多吗?

以上两个问题的答案可能会令你失望。我们没有什么从冷战超级科学家那里流传下来的秘密训练计划，也没有能改造身体的合法神奇补剂。就算这种东西存在，它也是任何人都能花钱就买得到的。而非法的神奇补剂（它们确实有用）是被禁止使用的，除非是医生开的处方（作为睾酮替代疗法），否则使用它们是违反道德准则的。

一个无情的事实是：我们平均每周只能为一位客户训练两三次。能负担得起我们的收费的经理人总是全世界到处跑，一般不会固定地待在一个地方，他们的工作压力极大。

另外还有一个连健身行业的人都不敢告诉你的事实：对80%的人来说，在80%的时间里，只需要同样的基础饮食（蔬菜、优质脂肪、动物蛋白、保持充足水分、控制饮食量），就能达到一定程度的特殊效果。

没有什么秘密，或许只有一个秘密。

我之所以能在自己的专业领域内建立声望，是因为我能了解人们的想法。让极限能力声名远扬的是我们的文化：我们让客户对自己负责，这让他无论是在健身房还是在自家厨房里都无法逃避。

我指导过100多位私人教练的工作，他们都痴迷于得到训练效果，我因此对如何训练才能起到效果得出了独特的见解。我要告诉你的是，最聪明、最博学的教练绝不是能得到最成功的结果的教练。实际上，很多时候一个教练越痴迷于让自己显得聪明（在此忠告一句：教练不是科学家，要是他们想让自己听起来像个科学家，先出去跑一英里），就越不会去关注最基础的东西——确保客户已经做好心理准备，不惜一切代价去实现他的目标。

你想要取得成果，最强大的资源就是你的大脑。如果你能控制好自己的动机、专注力和决心，就能达到许多目标，绝不仅限于塑身这一简单的目的。

但如果你不能控制自己的精神力量，就注定会陷入无尽的失败循环，就是它养活了这么多的健身和饮食行业。我不希望这种情况发生在你身上。

自律的神话

关于自律问题，我读过的最好的话是世界知名的健身教练查尔斯·伯里库恩（Charles Poliquin）总结的，他教会我的力量训练知识比其他任何人教给我的都要多。

他提出了“自律的神话”的说法——最终一切都归结于你到底有多想要那样东西。你是真的想要清晰的6块腹肌，还是更想吃那些甜甜圈？哪一样更让你兴奋？真的，就是这么简单，这么直接。

这需要很多技巧，我会在接下来的章节里教你如何不屈服于甜甜圈的诱惑，但我们在这一过程中要始终睁大眼睛保持清醒。生活会妨碍你的计划，你也会误入歧途，但你对此会做何反应、会如何对自己强调需要实现目标，这些始终把握在你自己的手中。

你需要遵循规则做出改变

我真心相信，任何在读这一页的读者手中都握着彻底改变自己体形的钥匙。

确定目标。确定你真正想要达到的目标，把它写下来。目标是什么并不重要——可以是腰围减少2英寸，也可以是达到施瓦辛格巅峰时期的体形。

确定目标的完成时限。想着“总有一天我会有明显的肌肉线条”和“我会在12周内变得有明显的肌肉线条”之间有着天壤之别。我喜欢时间明确的目标带来的压力，让生活的方方面面也都沉浸在这种压力中，你也应该这样做。

将目标分解到更小的时间周期。如果你有个期限为12周的目标，就应该将它分解成每周的目标，一口一口吃掉。

在成就大目标的路上不断达成小目标会提高你的多巴胺水平，让你持续专注于自己的长期目标。只有一个长期目标可能会令人泄气，因为似乎你每天的努力对达成这个目标没有取得什么进展。

现实点。我完全赞同志存高远，也完全支持“没有人——尤其是我自己——可以阻止我”的想法，但我们都需要面对现实。如果你每周只有2个小时的时间去健身房的话，就必须相应地调整自己的目标。

如果你现在的体脂率是35%，那完全可以大受欢迎地加入《减肥达人》节目，所以12周时间是不会让你变成封面模特的。

宏伟的梦想是让生活变得多姿多彩的原因之一，但把梦想变成现实才是最美好的事。请确保你的梦想在生理上和现实中都是可行的。

用所有必要的手段自我施压。我热衷于利用这本书里所写的一切心理技巧帮助自己实现目标。我个人最喜欢的技巧是想象自己在为孩子们执行一项特定的任务（任务越来越难，我快要顶不住了）。我想象自己面前就是他们的脸，如果我的努力打了一点儿折扣，就会让他们失望。

这是正面的强化，它还有个讨厌的表亲：想象自己认定的敌人或憎恨的对象做得比你更好。告诉自己："要是我不这样做，某某人就会比我更成功了。"或者"某某人对我的评价就会都是对的了。"

在这里我想说的是，你应该利用可以利用的一切动力和激励方法。没有什么限制，没有什么是超出你的想象的！

问自己："我准备要多努力？我准备牺牲些什么？"在开始书中的训练计划之前先回答这个问题，把自己的答案写下来。每当觉得自己摇摆不定的时候，就回头再看看自己的承诺。

驾驭你的恐惧。恐惧是最好的动力。当你无路可退时，就会做出伟大的事情。做些让自己害怕的事吧——如果打赌输掉，就把自己的照片放到脸谱网（Facebook）上，或是预约一次不能取消的写真摄影。这些事是什么并不重要，重要的是你要利用对失败的恐惧来激发你的斗志和行动。

如果开始这个计划时，你就认为自己对失败不用负任何责任，那我可以打包票：在你拿起哑铃之前，就已经严重限制了自己取得成功的机会。

失败时。面对挫折的唯一方法就是提醒自己每个人都会遇到挫折，而能让你从失败者中脱颖而出的是你此时此刻如何对它做出回应。

接受暂时的失败，把它看成是卷土重来的机会，可以让你变得比以前更强大、更努力。别让失败吞噬你，别沉湎其中，不然你就永远别指望实现自己的目标了。

相信自己。如果我在这本书里想教给你一个道理的话，那就是你一旦相信自己，就能做出非常伟大的事情来。

我已经记不清人们曾经多少次告诉我，他们在走进我的健身房之前从不相信自己可以塑身成功——而他们现在已经做到了。他们曾经认为我们训练前后的结果是伪造的，或者充其量是由那些生活里除了整天泡在健身房以及吃西兰花和鸡胸肉之外啥事也不干的人创造的。一旦我们让他们坚信这条路并不容易，但依然可以做到，他们就明白了一切。

02

会跑之前先学走

要是你认为把买的东西从车里拎到厨房也算是少许锻炼的话，那么可以肯定地说：你在健身训练的世界里完全是个初学者。

在攀登真正的训练高峰之前，你必须先练好稳定肌群。

我的建议是，如果你之前锻炼的时间不足两年，就应该先从本章的训练方案开始做起，只要你享受它，并能稳定地增加力量，就可以一直坚持练下去。通常这需要花3~8周的时间。一条经验是：你的训练水平越高，就越需要频繁地改变自己的训练内容。

关于饮食我要先简单说一句：除非你能控制自己的饮食，否则世界上所有的训练都不能改变你的体形。尽管也有诸如“高级高峰方案”这类不适合刚起步的初学者的内容，但事实上你并不需要增加一段初学者水平的“过渡阶段”，可以直接开始进入营养饮食计划。为了改变体形所需的全部饮食方案参见第6章。

增肌和力量训练

训练方案A和方案B应当在不连续的日子进行，每周总计完成三次。

这意味着在任何一周里，你要么做两次方案A、一次方案B，要么做一次方案A、两次方案B。

有些练习被编号为1A和1B，或2A和2B。这意味着这2项练习构成一个超级组，应该这么做：做完A练习中第1组的全部次数，按计划中写明的时间休息，然后做完B练习第1组的全部次数。如果计划中写明了休息时间，就再休息，然后再回去做A动作，如此重复直到所有组数完成，再进行下一项练习。在下面的训练方案A里，练习4A和4B的组数是不同的，所以4A和4B的前两个超级组按照上面说的方式进行，但做完第2组4B之后，只要做完剩下的4A就好了。

真正重要的是你要严格遵循方案中的练习内容、组数、每组次数、速度（参见第48页说明）和组间休息时间。

训练方案A	练习	组数	每组次数	速度	组间休息时间	页码
1A	杠铃前蹲	3	4~6	5010	120秒	104
1B	俯卧腘绳肌卷曲	3	4~6	5010	90秒	120
2A	哑铃卧推	3	6~8	4010	90秒	96
2B	反握引体向上	3	6~8	4010	90秒	137
3A	站姿杠铃肩部推举	3	6~8	4010	90秒	135
3B	60° 哑铃锤式弯举	3	6~8	4010	90秒	77
4A	单腿提踵	3	8~10	2110	70秒	138
4B	悬垂举腿	2	10~12	2010	60秒	110

训练方案B	练习	组数	每组次数	速度	组间休息时间	页码
1	杠铃硬拉	4	8，6，4，4*	3210	180秒	89
2	半硬拉耸肩	3	6~8	2110	180秒	106
3A	下斜杠铃卧推	3	6~8	3110	90秒	90
3B	后仰引体向上	3	6~8	4010	90秒	118
4A	曲杆杠铃反向弯举	2	6~8	2210	0秒	103
4B	负重肱三头肌臂屈伸	2	6~8	4010	0秒	143
4C	杠铃手腕弯举	2	10~12	2010	60秒	81

*8，6，4，4指的是第1组做8次，第2组稍微增加重量，做6次，最后两组再增加重量，减少到只做4次。

额外训练

在初学者阶段，你只需要完成本章中的力量训练就能达到刺激肌肉膨胀（肌肉生长）和增加力量这两个目的。

如果你的体形超级瘦弱，首要目标是增肌的话，那么在你进步到更高阶段之前，只需要完成这些高强度的训练就够了。就我的经验而言，你应该把重点放在训练之外的恢复和放松上。

但大多数读者不属于这一类，你们都会有些肚腩要减。很遗憾，你们就不能放轻松随便来了！

但是，最重要的仍然不是运动，而是饮食。腹肌很少是在健身房里练出来的，它们是在厨房里自我约束出来的。在一段时间内坚持遵循正确的饮食方案是实现目标的关键，我们会在第6章中深入探讨这一点。

同时，你们中很多人会从额外的心肺功能训练中受益良多。在第4章中，你可以了解到将心肺功能训练加入到你的塑身计划当中的最佳途径。

如何生活（在12周内）：在最短时间内产生最大效果的生活法则

有人说，在成功的塑身过程中，饮食因素要占到80%。也有人说训练因素要占50%。还有些聪明的老家伙会说训练、饮食、休息各占33%，剩下1%是运气！这些说法都是对的，但各自的前提条件不同。

坦白说，实际上我们不可能分门别类地定义各项因素确切的重要性。因为我们每个人都有不同的遗传基因、不同的起点和不同的目标，所以各项因素的重要性总会略有不同。不过，如果你想达到最佳结果，总有一些关键法则是需要坚持的。

最重要的是坚持

我总会看到的一个大问题——可能你自己也遇到了这个问题——就是大多数充满雄心壮志的增肌者都没有意识到坚持的重要性。

坚持的重要性让塑身变成了所有能想象到的运动里最难的“运动”之一，因为你必须每天24小时里都高效地为自己的目标而努力，要是你没有在做积极的事，很可能就是在做消极的事了。我们都必须记住，身体不会停在某种中间状态保持不变：我们不是在合成代谢（增肌）就是在分解代谢（肌肉分解），没有中间状态，因此不能持之以恒的训练者总是会变成不成功的训练者。在以下方面做到持之以恒至关重要。

- 你的饮食。忘记流行的那些间歇性断食法吧，它们显然不是尽快增肌的最佳方式。有些人需要找到尽可能多摄入热量的方法，必须抓住每次饮食的机会；而另一些人则需要注意放进嘴里的每一口食物。

  大多数典型的瘦型体质者企图增肌时摄入的食物量都不够，所以，忘掉你在网上看到的诸如两餐之间要留出足够长的休息时间，以帮助蛋白质合成之类的话吧，你应该专注于摄入足够的热量和正确的宏量营养素，并坚持最适合你的饮食时间表。这很可能意味着你每隔几个小时就要摄入热量，永远不能错过一顿饭。这无疑将是你在塑身过程中最具挑战性的方面。

- 你的训练。坚持去健身房2周，然后连续5天不去——这是大多数去健身房的人的例行程序，但这不会让你迅速提高的。是的，你会在一段短暂的时间内增加一点儿肌肉，但很快这种微不足道的增肌过程也会停滞下来，你会变得意志消沉，失去动力，最终彻底放弃。你的身体并不想变得精瘦和肌肉发达，你必须毫不宽容地和它做斗争，让它积极适应你所给予的训练压力。

提高自己的优先级

从根本上改变体形将是你所遇到过的最艰难的挑战之一。希望你现在已经明白，这需要你24小时不间断的关注和努力，也意味着在某些时候你不得不自私一点儿。在接下来的12周里，你需要和自己以及身边的人达成协议：在这段短暂的时间里，你要提高自己的优先级。

但这并不意味着你可以说：“尼克·米切尔说了，我可以变成一个自私的混蛋，不然他的书就不起作用。”远不是这么回事，因为考虑到要增肌的目的，你也会希望尽量减少麻烦的！

我要告诉你的是，你应该将训练、“奇怪”的饮食和休息放在第一位。和兄弟们深夜出去玩？别想了。和妻子到乡下度长周末？别想了。跑伦敦马拉松？别想了。你明白我的意思了吧，这只是你人生中的12周，之后你就可以慢慢来，保持你增加的肌肉，并在你认为合适的时候再次加速，取得更大的进步。

把肌肉当成你的头等大事

除非你是个超级怪物变种人，否则有个坏消息：你的身体其实并不想增肌。在这个过程中的每一步，它都会和你进行斗争。至于迅速增肌，忘掉它吧。肌肉的代谢效率并不高，这意味着它会用掉太多能量（如果我们想要看起来身材好，这是个有利因素，但我们的基因总希望我们准备好应对“要么撑死，要么饿死”的状况，这就是个不利因素了），所以你的身体会寻找一切可以不用增肌的机会。对那些天生就瘦弱的瘦型体质者来说，这个麻烦还要加倍。

因此，我们需要回到塑身界“不要浪费热量”的老生常谈上来。能走时就别跑，能站时就别走，能坐时就别站，能躺时就别坐。当然，你不需要按字面意思照搬这些话，但这确实意味着：在执行这一计划的12周里，我不希望你去踢足球、在公园慢跑或是跳舞跳到凌晨4点。肌肉是在你休息时生长的，任何时候都要牢记这一点。

给那些担心这条建议可能会影响心血管健康的读者们的一句简单说明：完整地做一次本书中的重量训练，保持正确的速度（参见第48页）、负荷和休息时间间隔，然后再告诉我，你的心血管系统是不是还“需要”你去跑步！

请注意，上述建议是给那些希望最大限度增肌的读者的，那些把减脂当作主要目标、追求“身体重构”的人不在其列。

预先计划

终极塑身计划的美妙之处在于，所有的训练项目都摊在你面前，很容易按计划进行，也不需要考虑太多。你在生活的其他方面也需要遵循同样的原则，由于每位读者都有不同的工作、不同的家庭环境和不同的执行能力，我不可能为你制订出一份生活计划，但你可以——并且应该——为自己掌控和计划一切。

这并不意味着你需要坐下来，写出自己打算在未来84天里做的一切。但这确实意味着，如果你每天都在飞来飞去，就不会取得好的效果。

你要把去健身房的时间纳入作息时间表，你的睡眠时间要保持固定，吃饭时间要有所规划。最重要的是，你需要在出门之前准备好当天的食物，在午餐时跑出去买个三明治保证会让你的计划失败的。买些烹饪用具，预先做好计划，在前一天晚上为自己做好饭，让自己的生活变得简单轻松。这个计划里没有什么是特别困难的——或许除了那些日常训练！——但在你养成预先计划的习惯之前，还是会多少有些不方便。但之后就会变得无比轻松了，你的进步也会相当可观。

尽量减少压力

相当一部分“容易增肌者”——是的，确实有人可以在相当短的时间内不用药物就近乎荒谬地大幅度增肌——的典型特征之一就是他们都优哉游哉。相反，想想你认识的那些精神高度紧张的人：他们很可能都是身体消瘦、脂肪和肌肉含量都很低的人。

造成这种状况的一个原因是：当我们压力过大、忧心忡忡时（通常没有很好的理由），我们的肾上腺就会加班加点地制造负责“战斗或逃跑”的应激激素——皮质醇。

皮质醇并不是某些人宣传中的恶魔激素。我们需要它来调动脂肪作为能量，没有它，你早上根本就无法起床。

但是，虽然皮质醇水平的快速升高是有目的的（比如逃离某些危险，或是为一次艰苦的健身训练做好准备），但长期而言，由于“压力过度”引起的慢性皮质醇分泌对身体有着非常负面的影响，它会降低我们的皮质醇峰值输出，这就意味着我们的能量水平会更低，更容易疲劳，睾酮水平也会随之降低。

你可能知道，睾酮是一种重要的雄性激素，可以帮助我们增加肌肉组织并从高强度的训练中恢复过来，我们都希望尽可能增加体内的睾酮含量。

有个很好的方法能帮助你理解这个问题：把自己在放松度假期间的性欲和长时间处于压力之下的性欲做个对比。当你心态平和、毫不担心时，你的性欲——即睾酮水平——比你忧心忡忡、皮质醇水平飞涨时要高得多。

对你而言，这一切意味着：为了让你增肌的努力取得最佳效果，你的心态必须有所控制，尽一切努力让自己只考虑真正值得关心的事。只有你的家人、健康和工作是重要的。在你上班路上惹恼你的人、妻子让你去洗碗或是电视里的那个家伙都只是微不足道的麻烦，根本不值得为此给自己任何压力。当你感到挣扎时，试试我的这个小窍门：问问自己5年之后是不是还会为这件事烦恼。答案几乎总是响亮的“不”。

睡眠是必需品，不是奢侈品

睡眠对你的进步至关重要，完全值得单独为它写一章。你要明白：如果你不能优先考虑一夜好眠的问题，就不可能取得最大限度的进步。我不在乎你训练多刻苦，饮食多明智；如果缺少适量的高质量睡眠，你的体形永远也不会发生显著的变化。

对那些说自己没时间睡足推荐的8小时的人，欢迎来到我的世界。我不得不按阿诺德·施瓦辛格说的那样，进行“快速睡眠”每天睡6个小时，但我再也不用优先考虑自己的身体成分了。为了你自己的12周塑身计划，你要坚持尽一切努力，睡足需要的时间。

你如何确定自己需要多少睡眠呢？你应该不需要闹钟就能醒来，并感到自己已经恢复了精力。可能你们中过去很少有人能做到这一点。不过，也不是非得睡8小时——对有些人来说要睡得更多，其他人则可能睡得更少时表现最佳。

不管你自己的最佳睡眠点是多少，都千万不要忘记，它对达到最佳的健康状态、激素水平、生理表现和身体潜能都是最关键的、不可妥协的因素之一。简单来说，缺乏足够的睡眠会严重影响以下因素。

- **睾酮的分泌：**连续几天只睡所需睡眠时间的60%，再看看你的性欲会怎样吧。十几岁、二十几岁的年轻人还不会感觉到这一点，但等到你三四十岁时再看吧。
- **胰岛素和皮质醇：**你疲惫的大脑（永远不要忘记大脑在这些问题上有多重要）和身体需要提升皮质醇水平来维持运转，它们更容易出现胰岛素抵抗[1]（这意味着它们更可能在脂肪细胞内储存葡萄糖）。你睡眠不足时会想吃什么样的食物？通常是最糟糕的那些——你会忘记肉类和蔬菜，只想着羊角面包和糖果。你会这么做是由激素原因造成的，它会让你陷入更糟糕的食物、更低的“真实”能量水平、精神恍惚和脂肪堆积的恶性循环。
- **生长激素的分泌：**在固定的睡眠周期内，我们会大量释放出生长激素。错过这些周期是无法弥补的。

1 胰岛素抵抗是指脂肪细胞、肌肉细胞和肝细胞对正常浓度的胰岛素产生反应不足的现象，即这些细胞需要更高的胰岛素浓度才能对胰岛素产生反应。

睡眠的科学

睡眠比你想象的要复杂得多，它共包括四个不同的阶段，即三个非快速动眼期和一个快速动眼期，后者与做梦有关。

在每个阶段，人体内的生物化学水平都在改变，以促进保持记忆，增加激素分泌。

睡眠的前两个阶段是从清醒状态到体温降低、脑波变慢状态的过渡期。

第3阶段——被称为慢波睡眠期——是激素分泌和受体敏感性调节因子的阶段。它对身体成分的改变至关重要，因为你的身体正是在这段时期内恢复胰岛素敏感性及促进生长激素分泌的。如果你在晚上10点入睡，凌晨1点到3点之间醒来，这一睡眠的关键阶段很可能会受到干扰。

你的肝脏负责体内大部分的激素平衡，所以如果肝脏不能处理完所有毒素，平衡就会受到干扰，结果就是缺乏对尿意的控制，需要在夜间上厕所。干扰慢波睡眠期的问题在于，预防糖尿病或癌症生长的开关是在这一阶段复位的，因此，它不仅对身体成分的变化至关重要，对其他更加重要的健康因素也是至关重要的。

最后一个阶段是快速动眼睡眠期，它负责包括建立运动单位功能和保持记忆在内的许多事务。

因此，睡眠是个复杂的过程，但遗憾的是，对很多人来说，这并不像爬上床、希望一切顺利那样简单。大多数读者无法建立最佳的睡眠模式，但我们可以通过很多事情来改善这一点。

如何提高睡眠质量

01 保持固定的睡眠时间。每晚在固定的时间上床，消除可以在周末“补觉”的想法。

02 保持卧室凉爽。通过降低体温和调节室温，你可以创造一个能维持快速动眼睡眠期的环境。

03 把卧室变成蝙蝠洞。快速动眼期睡眠很容易被噪音污染和灯光干扰所影响，因此要尽可能地保持卧室黑暗、安静。尽可能关闭有待机灯的电子设备。灯光干扰很容易在大脑里制造一种干扰快速动眼期睡眠的感官标志，因此避免它对营造最佳的睡眠环境至关重要。即使只是皮肤稍微被灯光照射到也会降低快速动眼期的睡眠质量，因此，卧室越暗，你就越有可能获得高质量的快速动眼期睡眠。我知道这听起来有点儿吹毛求疵，但由此带来的改变将是值得的。

04 摄入镁。这种矿物质对皮质醇的辅助管理至关重要，它能恢复胰岛素敏感性，从而有助于慢波睡眠。镁也是一种催化剂，它能通过皮质醇/胰岛素的连接让肾上腺恢复健康。

05

摄取花菱草（Californian poppy）提取物。这是一种很棒的抗压力草药，能让脑波放松，进入慢波睡眠期。它也能起到肝脏解毒剂的作用，还能提供一条次级代谢途径，有助于缓慢去除影响睡眠周期的毒素。

06

吃好点。我们的饮食对睡眠周期有显著的影响。高碳水化合物的饮食会增加血清素的分泌（这种神经递质负责让心情达到平静、快乐、放松的状态），但它的缺点是，一旦血糖水平下降，身体就会进入一种自然的饥饿模式，可能会让你早上起床时产生低血糖的自然反应。富含必需脂肪的食物有助于建立稳定的血糖水平，这对身体是有利的，因为它能让身体进入一种禁食状态，同时缓慢释放的能量可用于代谢功能。因此，一种选择是在睡前至少2小时内避免富含碳水化合物的饮食，而是选择富含必需脂肪酸的饮食。你必须通过试验找出哪种方法最适合自己，因为很多时候，特别是对摄入低碳水化合物饮食的人而言，就寝前摄入碳水化合物都能显著提高睡眠质量。

07

如果你睡2~4个小时就会醒过来，那么你可能会得益于以下有助于提高肝脏解毒能力的治疗方案：增加纤维素的摄入，并考虑早晚增加某种优质纤维补剂。

- 葡糖醛酸（glucuronic acid），一种结构类似葡萄糖的羧酸，对从胃肠道中解放第2阶段的解毒物质并将其去除起着至关重要的作用。每天3次，每次服用2粒D-葡萄糖酸钙胶囊，为期16天。
- 采用雌激素控制剂治疗方案（参见第8章），为期16天。
- 作为长期的肝脏营养方案，将1~3勺优质果蔬粉（一种浓缩数种水果、蔬菜和草药的补剂）与1.5升水混合，日常服用。维持pH值水平不仅有助于胃肠道排毒，对皮质醇的适当管理也能产生积极作用。

03

训练基础知识

“要在健身房里取得进步，今天就必须做到昨天做不到的事。”如果全世界去健身房的锻炼者都能理解这个概念，健身效果必将提高十倍。

只有逼着你的身体到它根本不想去的地方，它才会做出积极的回应，在这里，所谓积极的回应指的就是变得越来越强壮、健美，增加新的肌肉组织。

我希望确立一些规则，你去健身房训练时必须遵守它们。如果这些概念对你而言是崭新的，那么请在每次训练前都重读一遍，直到它们在你的脑海里根深蒂固为止。它们确实非常重要。

如何举重

我大胆猜测一下，谈及实现重量训练的目标时，去健身房的普通人往往认为自己是失败者吧。原因是多方面的，但其中缺失的一个因素在于，很少有人知道应该如何正确地举重。如果你认为有效的重量训练就等于是举起一个重物再把它放下

10 kg
USA
10 kg
10 kg
YORK
10 kg

来，那你就需要彻底重新考虑自己的训练方法了。

在我们谈到新的训练方法之前，我希望你先问自己一个问题：你在做阻抗训练时想实现的目标是什么？

要是你的答案是“在健身房里那些辣妹面前炫耀”，那你我之间就产生了严重的理念分歧，必须分道扬镳了。要是你的答案是稍微复杂点儿的“每组都增加重量或者增加次数，以此来循序渐进地增加负荷并得到提高”，那你只说对了一半，但你也有以牺牲刺激感和安全性为代价去追求成绩的风险。

如果你想在健身房里从零开始变成英雄，那么正确的答案应该是：你的阻抗训练重点应该是给予你的肌肉纤维最大限度的压力，以刺激得到最强力的适应性肌肉膨胀反应——或者简单地说——刺激肌肉生长！

这是否意味着你不应该努力超越上次的表现？绝对不是。超负荷渐进原则是非常正确的，你应该始终努力做到“比上一次举得更多”。但常言道“你的肌肉不知道你举的重量”，这也是非常正确的。实际举起的重量与你的增肌过程无关，只与你施加在肌肉纤维上的压力有关。当然，这种压力确实有一部分来自你举起的重量，但维持你所训练的肌肉紧张才是最重要的。如果你想得到最佳效果，那么举起东西再放下来并不会有多大帮助。

所有成功的学员都有一个共同特点：他们不只是关注如何把重物从A点移到B点，而是把重点放在最关键的必需步骤上：如何在一定的抗阻力下收缩肌肉，以做到最大限度的肌肉收缩。

正确的二头肌弯举不是简单地弯曲肘部，把手腕移到肩膀前面。如果你现在就是这么做弯举的，那下次做的时候，把重量减少75%，闭上眼睛，只关注如何让二头肌收缩到最大限度。

如果你想要引起最强的刺激，就应该始终记住：重量只不过是你手里的工具，你在这一重量下如何收缩肌肉才是造成结果的真正原因。要让你在健身房里的艰苦训练真正达到最佳效果，你就需要学会如何让每一组、每一次动作都一点一滴地实现它的价值。

如果你缺乏对某块肌肉的神经连接，即通常所谓的“心灵—肌肉连接”，做一些单侧（单肢）训练，把不用的那只手放在训练的肌肉上。这确实可以帮助你感觉到肌肉的收缩。举例来说，背部肌肉是训练时最难感觉到的肌肉群之一，所以你在努力做背部训练时，可以找个训练伙伴，让他把手放在你正在训练的背部肌肉位置上。

以到www. Ultimate Transformation. Guide网站或Shazam上观看有关的训练演示视频。

不断提醒自己：不能轻易陷入数字中不能自拔

尽管我刚刚才强调过，不要简单地举起放下，必须充分收缩肌肉，但不争的事实是，当你从能做6个标准引体向上进步到在腰上系着25千克重物做6个同样标准的引体向上时，你的二头肌和上背部肌肉群肯定会变得更大、更厚实了。

所以你确实需要追求更高的重量和更多的次数，但同时也要把注意力集中在正确的举重姿势上。

我完全可以用半本书来写《增肌过程中正确收缩肌肉的艺术》——当然，它会需要一个比这更时髦的书名——但我们不需要把问题变得太复杂。在做本书中几乎每项练习时，都要牢记两条非常简单的原理，此外，如果你看过分步骤动作练习指导（参见第74页）后还有任何疑问，都可以到www. Ultimate Transformation. Guide网站或Shazam上观看有关的训练演示视频。

在做每一组、每一次动作时，我都希望你告诉自己要“伸展和压缩”。当你收缩正在训练的肌肉时，实际上是让那块肌肉变短了。把双臂抱在胸前，你就缩短了胸肌。收缩大腿正面的肌肉（股四头肌），你也是缩短了它。给自己一个心理暗示：“缩短”显得太软绵绵了，所以你应该告诉自己用力去“压榨”。顶级专业健美运动员本 · 帕库斯基（Ben Pakulski）用的说法是“就像它欠你钱似地压榨它”。压缩一块肌肉永远不会嫌太用力的。

我们压缩或缩短肌肉时，即弯曲肌肉时的收缩称为正向收缩或向心收缩，不妨设想成举起重物时的状态。而我们伸展或拉长肌肉时，即放下重物时的收缩称为负向收缩或离心收缩（参见第263页）。

你必须充分利用这两种类型的肌肉收缩的作用，这就意味着做正向动作时要用力地进行压缩，而在给定的动作幅度范围内将重物放到最低点时，伸展动作要始终保持控制，缓慢而有节奏，不能晃动。

热身，适当的重量选择，速度

不做热身、从更衣室出来就直接做第1组练习的做法不仅危险，而且愚蠢。适当的热身不仅能帮助你的肌肉为接下来的挑战做好准备——有助于防止不必要的受伤——也会让你的中枢神经系统兴奋起来，这意味着在真正的训练开始时，你的肌肉会收缩得更快，你会变得更强壮。

但如果你认为热身的最佳方式是在跑步机上跑5到10分钟的话，就需要重新考虑了。温和的慢跑怎么可能让你的肌肉为艰苦的重量训练做好准备呢？特别是如果你要练的还是上肢。以下才是你需要做的事。

热身

让肌肉热身最有效的方式是在逐渐增加重量的情况下循序渐进地做你接下来要做的练习。这样，开始时你会用很轻的重量做几次，然后逐渐增加重量，同时为了尽量减少疲劳，只做少数几次，一直到将重量增加到训练组的目标重量为止。为了确保在每组热身组中都选择合适的重量，你应该坚持遵守以下规则。

假设第1项训练是杠铃深蹲，你的训练组目标重量是100千克，做10次。

解释速度

所谓正确的举重速度——或者说你举起和放下重物的速度——在这里出场了，因为在每次重复动作中正确进行的伸展和压缩动作才是使肌肉产生紧张的原因。在本书后面讲到实际的训练方案时，你会发现每个练习都有规定的速度。别偷懒，不要对规定的速度肆意改动。这些规定都是有原因的，你越接近它们，训练的效果就越好。

速度是用一个四位数代码来具体表示的，比如2010。第一个数字是放下重物所用的秒数；第二个数字是重物停留在动作最低点的秒数；第三个数字是举起重物所用的秒数；最后一个数字则是重物停留在动作最高点的秒数。

热身组

热身第1组：
8次，30%重量（33千克），
最短的休息时间。

热身第2组：
5次，50%重量，
30~60秒休息时间。

热身第3组：
3次，70%重量，
45~75秒休息时间。

热身第4组：
2次，85%重量，
60~75秒休息时间。

热身第5组：
1次，95%重量，
60~75秒休息时间。

开始第1组正式练习。

你只需要在前2项练习之前做这样的热身。对接下来所有训练相同或接近的身体部位的练习项目，选择大约是你训练组目标重量的2/3的重量，重复4~6次，以掌握正确的运动方式就可以了，但如果你的下一项练习训练的是完全未经热身的身体部位，请重新开始这个热身过程——你不仅能更安全，不会受伤，还会变得更强壮。如果前2项练习中有引体向上、俯卧撑或臂屈伸，就找一台对应的健身器械做热身。

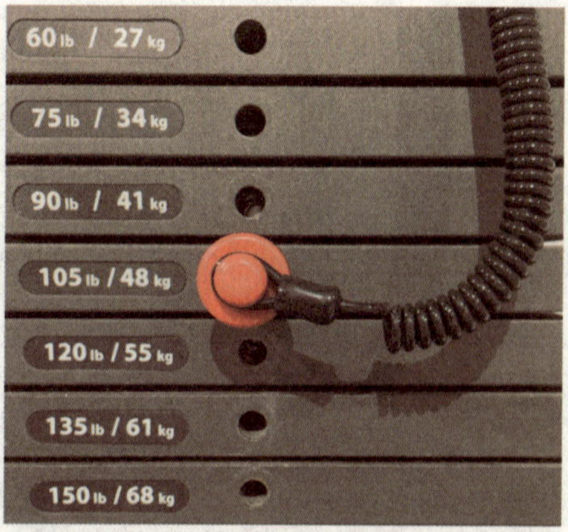

激活

在你正式开始训练之前做些爆发力运动可以进一步激活中枢神经系统，这能让肌肉产生更大的反应和更强的力量。我们不需要做得很复杂：只要想着你接下来要做的练习，尝试用爆发性的动作模拟它们就可以了。在推举练习之前，你可以尽全力朝地面投掷实心球，做几次拍手俯卧撑，甚至可以冲着沉重的沙袋来两记左右钩拳。对于下肢训练，朝沉重的沙袋来记狠踢就够了（当然，两条腿都要踢），或者来2~4次蛙跳也不错。激活神经系统的关键就是要迅捷得像付酒账时的乔·华纳那么快！

YORK
10
kg
USA

正确选择重量

为一组练习选择适当的重量是极其重要的。我现在依旧不时会看到似乎无法为客户选择最佳负重的私人教练，你猜怎么着，这些客户从来都不能取得很好的锻炼效果。典型的错误是重量过轻，每组都太容易了，但走进任何一间健身房，很多时候你也会看到相反的错误。他们应该接受我的意见：训练时要带着“女性的大脑和男性的心”。

对那些因为这句话感到自己受了冒犯的人，把这点儿念头收回去吧，我的意思是，大多数女性在健身房里如果能更大胆一点儿，都会受益匪浅；而大多数男性要是谦虚一点儿，想想多大的负重才能最大程度地刺激他们的肌肉——而不是他们所谓的健身房里的名誉——他们才会受益。如果你觉得我这句话是直接对你说的，那现在就该做出改变了。如果你能更好地选择训练重量，锻炼效果就会事半功倍。

重量选择几乎决定了你在一组练习中所做的一切。

一组练习中的主要变量包括动作重复次数、速度、正确的举重姿势（这不应该是个变量，姿势应该是完美的，但我们都知道，随着一组练习的进行，姿势可能会受影响）、肌肉紧张时间和负重，那么，如果你选错了重量，又会怎么样呢？

其他的一切就都付诸东流了，就是这样。并且，你想通过做这个动作得到的具体效果也得不到。而这是你训练中最基本的一方面，你完全承受不起这样的错误。尽管我可以在纸面上给你一份十分精彩、令你热血沸腾、绝对能产生效果的训练方案，但如果你不能为自己选择合适的重量的话，那么它就可能完全是在浪费时间。

我一直认为有心无脑的训练远胜过有脑无心，在解释一份书面训练方案时，没有什么比这一点更明显的了。

如果你选择了一个不能对身体形成挑战的重量，那么再怎么坚持肌肉紧张时间、次数、休息时间和速度也都是没有意义的。我努力提醒自己的学员：如果你不能强迫自己的身体做出改变，它就会像个混蛋一样死缠烂打地保持原有的平衡和均势（在生物学上，我们称之为动态平衡）。

你必须选择一个重量，让正确完成这组动作变得尽可能困难。如果你做不到这一点，你就不能提供足够的刺激，那还有什么原因可能让你的身体做出适应和改变呢？

当然，另一种情况就是你选择的重量让你甚至不可能凑合正确完成给定的一组练习，这就掉进了重量过重的陷阱。

注意，我强调的是“正确完成”。任何一个傻瓜都能举起杠铃，来回乱晃着举到规定的次数，但姿势和速度又如何呢（对于正确的肌肉刺激和中枢神经系统

简化重量选择

如果你在训练中对重量选择感到挣扎，我可以把它变得非常简单。如果你选择的是一项共做3组、每组12次的训练，你可以参考如下建议。

1 第1组的重量非常轻，你可以连续做20次而不流汗。那么这一组不算数。

2 第1组你可以舒舒服服地做到12次，本来可以做到15次。放聪明点儿——下次当你做到第6次，意识到这个重量有点儿太轻时，停掉这1组，休息1分钟，然后用更大的重量继续训练。

3 第1组你可以努力做到12次。在下一组练习里，坚持用这个重量，但要在训练日记上标注一下，下次训练时，你必须稍微增加（2%~5%）第1组练习的重量。

4 第1组你没有做到10次——你的起始重量太重了。下一组的起始重量减轻5%~10%，并在下次训练时考虑减轻第1组的起始重量，这取决于第1组感觉上有多重。

5 随着组数增加，如果你的每组次数降到了目标次数的75%以下，而且接下来还有未完成的组，就在接下来的组里减轻重量。

刺激以及预防受伤来说，姿势都至关重要）？本书的所有训练方案中都规定了速度（你可能已经注意到了，随着大循环训练的进行，速度会有所改变），这不是因为我喜欢给自己找麻烦，而是因为那4个数字的每一个都会由于特定的原因而改变对你的肌肉的刺激。记住：你在一组训练中所做的一切都会影响到训练效果的好坏和大小。

重量选择对你的训练反应起着决定性的作用，如果你选错了，可能就永远也别指望会有任何实质性的进展。如果你选择的重量太重，就有可能造成受伤、姿势错误，同时无法刺激正确的肌肉群；如果你选择的重量太轻，就不会发生适应性反应，因为你的肌肉没有得到足够的压力和考验。

如何训练才能取得效果

如果有10万人买这本书，那么对于如何按照其中的训练方案进行训练很可能会有10万种不同的解释。有些人会每次动作都疯狂地竭尽所能，更不用说每次训练了（这对你有好处），其他人则无疑会谨慎小心得多。我们中有些人举的重量太重，也会有很多人恰恰与之相反——迄今为止总是在自己能力范围内训练的人，他们会认为这个训练方案是垃圾，因为他们没有发生任何改变。别胡说八道了，福尔摩斯！要是你只做自己已经能做到的事，那你的身体怎么可能受到刺激，开始生长呢？

区分能否塑身成功的一个关键因素是你在健身房里的态度。永远不要退缩。全力以赴——走出你的舒适区！

让我们明确一点：你不大可能会练得像我一样刻苦。因为我从11岁开始就一直在举重了，这意味着我有超过30年的训练经验。刻苦训练是一项需要学习的技巧。除非你一直深入地进行体育训练，否则作为一个完全的初学者，你不可能从街上走进健身房，就能像更有经验的学员那样逼迫自己。

但是，永远别把这当做借口。学会刻苦训练的唯一方式就是刻苦训练。你或许能感觉到，这就是我对网上那些键盘侠颇为轻视的另一个原因，他们擅长自吹自擂，但实际上并不知道在健身房里如何逼迫自己。

如果你是个初学者，读到这些话也不要绝望。或许更好的说法是，你需要在每次训练中都走出自己的舒适区。你还要意识到，随着你不断逼迫自己，舒适区也会不断扩大。第一次训练时似乎无比艰难的项目到第六次时会像在公园里散步那么轻松。这也意味着你要不断提高对自己的要求，每次训练都得更加刻苦才行。

坚持计划

本书训练方案中的一切都是有具体理由的。你如果偏离了计划，训练效果就会发生变化。当然，如果你习惯看主流杂志中肤浅的健身内容的话，这里的有些训练看上去会显得十分复杂。你需要始终注意速度、休息时间，始终保持正确的训练姿势。

专注和精力集中

我们生活在一个太容易分心的多媒体时代里。即便在写这些文字的时候，我也不得不抗拒自己去刷社交软件或是查看邮件的冲动。放聪明点儿——别把手机带进健身房里去，带个mp3播放器就够了。别跟同伴聊天，看杂志或是讨论政治。训练结束之后，你有充足的时间来做这一切。

成功的增肌训练意味着你要为自己的肌肉建立强大的神经连接，这只能靠训练和专注得来。此外，最好的增肌训练都是按部就班完成的，用专注和强度“保持活力”。紧盯你面前的目标——这只是为期12周、每周4小时的训练而已，你没有任何借口。

有意识地举重

所谓“有意识地举重”有两层不同的含义。

首先，为了获得最大程度的肌肉刺激，你不需要举得很快，但你确实要有举（肌肉收缩中的向心收缩）得很快的意识。我希望你认真思考这个问题，因为它是绝大部分综合训练经验的核心。

其次，你“需要在举重时意识到”你在举的是个哑铃，不是魔杖。我的意思是，在你开始做一个动作之前，应该知道要训练的是哪些肌肉，以及该如何训练。如果你有疑问，就从较轻的重量开始做几组，这样，当你开始做训练组时，就能更好地准备用正确的方式训练正确的肌肉。在你做好准备、蓄势待发之后，在做这一组的每个动作时都要有意识地全力以赴。不要去想任何与训练无关的事情。无论你初到健身房时会感到多么害怕，我都希望你能像自己拥有这间健身房那样去训练。

区分好的疼痛和坏的疼痛

好的训练疼痛是当你的肌肉抖动时，皮肤会感到像要裂开，因为你劲力十足，感觉像是用喷灯在肌肉内部灼烧。这正是你需要拥抱的东西。

坏的疼痛是突然发生的尖锐的关节或软组织疼痛，或是某块肌肉莫名其妙的痉挛或结块，如果你继续训练的话，就会发生功能障碍。最大的可能性是：如果你明智地进行训练，始终保持正确的姿势，用肌肉而不是靠突然发力和杠杆作用来举重，你就永远不会遇到这样的问题。

坚持写训练日记

任何态度认真却没有坚持写训练日记的学员都是在严重地自我伤害，也丧失了许多本来很容易就能实现的优势。如果你在这个问题上选择忽略我的建议的话，我也可以不揣冒昧地说你有点儿傻，以下是原因。

尽管训练的进展从来都不是线性的，但我们总是希望自己能在之前的基础上争取进步。如果我们不去做更难的练习，那我们的身体为什么会去积极适应呢？对于学员的进步来说就更是如此，因为像力量增加这样明显的适应是非常缓慢的，而且我们需要开始控制各种因素，如速度、组间休息时间、关节角度、组数等。除非你是个天才，否则你真能告诉我你4周前时做的动作次数、组数和重量吗？我并不这么认为。

进一步阐述这一点：训练日记是激励自己追求卓越的一种工具。知道自己必须比上一次训练做得好对大多数人来说都是一种巨大的激励。身体上的进步有时候很难正确评估——镜子很少能反映实情——但你可以把训练日记当做记录自己进步的一种方式，并藉此重新确认自己在改变生活方式和增强体质方面所做出的一切努力。

别像个娘儿们似的

在我的书里，增肌的头号训诫是：“你不应该像个娘儿们。”

我认为这句话已经足够，不用再多说什么了，但我还是会对这条训诫补充两点，以此来结束本章。

首先，问问自己这个问题：统治健身房的是狮子还是绵羊？

其次，当一切变得艰难，你想放弃时——顺便说一句，我们每个人都会遇到这种情况——用老施瓦辛格那句口头禅来提醒自己，在健身房里应该“快乐而凶猛”地全力以赴进行训练。当你准备放弃时，就在脑海里重复这句话。我保证你就会多做一两次的！

04

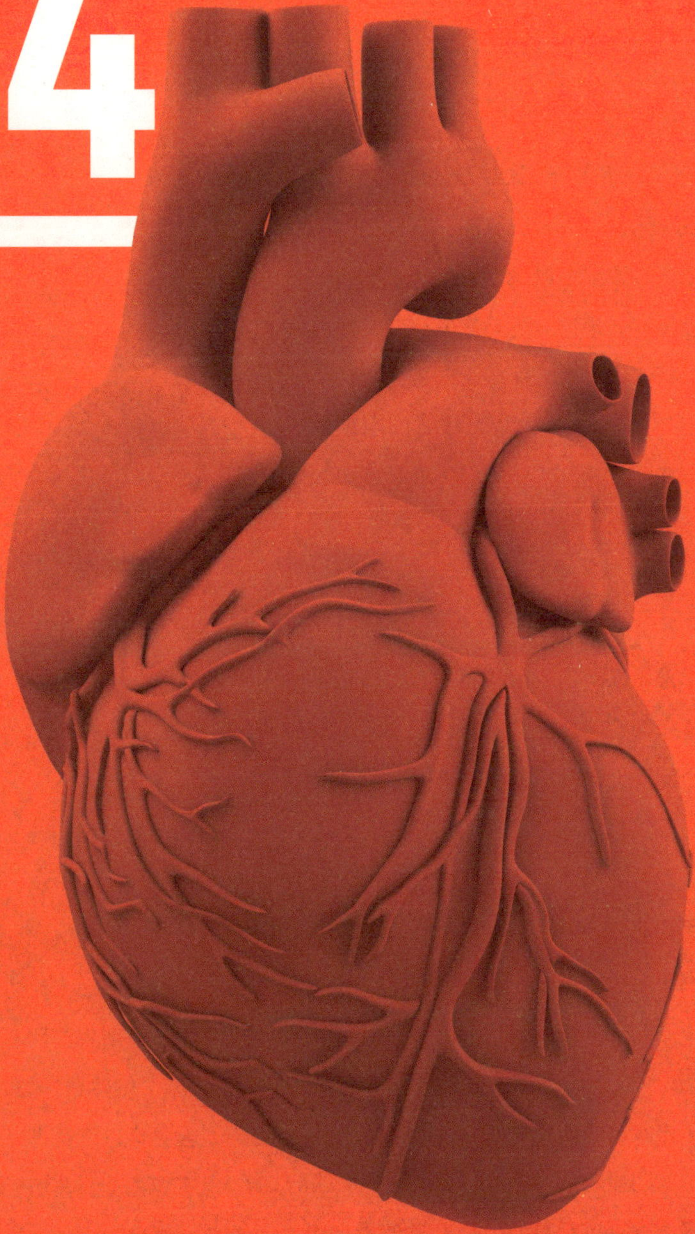

有氧难题

心肺功能训练对身体健康来说是必需的，但对改善身体成分并不起主要作用。实际上，大多数人完全误解了心肺功能训练的概念。

如果你认为有氧训练和心肺功能训练是等价名词，或者认为心肺功能训练会导致你变胖或肌肉消失，那么你就需要继续读下去。“心肺功能训练”的益处、用处，乃至它的含义都要求我们回到基本原理上去，因为众多所谓的专家在这个问题上已经制造出太多混乱了。

这一切意味着什么

第60页的定义说明了我们在讨论心肺功能训练/有氧训练时所需要解决的第一个问题——我们几乎都犯了这种错误：在说到“心肺功能训练”时，我们其实指的是有氧训练。

“心肺功能训练”的本质在于，它指的是能刺激我们的整体心血管系统——主要是心脏——的训练。因此，任何能最大

心肺功能训练

有氧训练

心肺功能训练常常被认为完全属于“有氧训练”的范畴。典型的有氧训练（意思是“需要氧气”）为低强度到中等强度的训练，一般持续20分钟到数小时。在有氧训练中，身体消耗的能量来自脂肪代谢的比例要比来自碳水化合物/糖代谢（糖酵解）的比例要高。

但是，有氧训练单位时间消耗的热量要比强度更高的训练（如无氧运动，意思是“不需要氧气”）消耗得少，而且训练强度越高，整体新陈代谢的水平就越高。

有氧代谢能力

特定的有氧训练能提高有氧适能（人体摄取、运输和利用氧的能力）和有氧代谢能力。有氧代谢能力是心肺系统的功能，通过检测个人最大摄氧量（VO_2最大值）来确定。

最大摄氧量对耐力运动员而言非常重要，但对更具爆发力的运动员而言重要性就非常小了。确实，已有研究证明，最大摄氧量与加速能力和爆发力（通过垂直跳跃测试确定）是逆相关的。此外，最大摄氧量与心血管健康之间并没有直接的联系。这并不是说最大摄氧量毫无用处，或是说改善心肺功能对大多数人来说不是件好事，但它显然并不是锻炼心脏的唯一方法，而且也不是最好的方法。

心血管健康

心血管系统的健康是我们身体健康最重要的方面之一，必须持续关注。心血管系统由心脏、静脉和血管等组成，包括肺循环、体循环和冠脉循环等血液循环系统。但心血管健康与有氧代谢能力无关，这应该会让你有所怀疑：为什么人们总是普遍认为有氧训练才是锻炼心脏的唯一途径。

心肺功能

心肺功能指的是呼吸系统和循环系统在体力活动中向骨骼肌供氧的能力。它不仅是训练会带来的益处，对充满活力、充实愉快的生活也意义重大。很多人似乎都相信心肺功能只能通过有氧运动进行锻炼。请迁就我一下，我们来想想是不是还有其他运动形式能有力地将血液输送到骨骼肌，能锻炼心脏……

限度地锻炼心脏和血管系统的训练都可以算作是心肺功能训练。如果你认为心肺功能训练只是和跑步机或动感单车联系在一起，停一下，问问自己是不是还有其他形式的训练也能刺激到心脏。

有些人会告诉你，心肺功能训练对心血管健康是必需的，有没有重量训练无所谓。我甚至听到过医生说这种屁话，这真令人难以置信。实践出真知，来一次通过重量训练进行减肥和改变身体成分的训练，体会其中的乐趣，他们很快就会改变这种看法了。

在这种情况下，并不是一定要让他们上气不接下气，心跳剧烈到连我们的前台接待员都听得见，在垃圾桶前呕吐，而且在50分钟后就累瘫在健身房一角，但这样的训练确实会让他们满意，也是很好的一课！我们都应该喜欢上阻抗训练，因为它是我们手中可塑性最强的训练工具。无论想达到任何目标，都可以通过这种方式进行训练。

所以，如果你打算打破世界举重纪录，要进行长期而缓慢的三姿训练（包括蹲举、卧推和硬举），运动和休息的时间比例为运动10秒钟休息7分钟的话，那么，没错，你肯定会得益于某种形式的“有氧训练”，只不过这不应该是传统的有氧运动，而是一些简单修改过的大力士运动，如超级扁担、农夫走、阻力橇，等等。

另一方面，大多数人希望做的训练——即塑身训练——一般都是休息时间最少、心率稳步增加的运动，它们都会让心脏变得更健康。

这对你意味着什么

这意味着，如果你想让心血管变得更健康，可以有数不清的运动选择。做一些（艰苦的）有氧训练会很不错，而做一些（艰苦的）重量训练也一样。在固定的动感单车上扭来扭去的作用可以忽略不计，大多数人在收费健身房里做的重量训练也同样无用。坐在某种高级健身器械上，把你实际可以举100次的重量举上12次，然后休息5分钟，给朋友发短信或是双眼望天：这根本不会让你成功。

问题其实并不复杂。你需要做的只是刻苦训练！但是，如果必须采取行动的话，有没有对心血管健康最理想的训练方式呢？

这个问题的答案是明确而肯定的，它就在阻抗训练的王国里。如果你足够幸运，有机会接触到大力士训练的器材，或是能在有超级连续复合运动项目的健身房里锻炼，那你就有理想的心肺功能训练方式了。

如果你还需要说服，那我就再谈点儿科学吧。无数研究证明，心脏的左心室功能是心血管健康的关键指标之一，猜猜看，这些研究表明哪些人的射血分数和舒张功能最佳呢？是的，那些经常进行激烈阻抗训练的人！

法官大人，我的辩护完毕。

如果你想要一份事半功倍的梦幻计划，就试试这个非常简单的训练计划，再告诉我你的心脏有没有感觉超负荷吧。这肯定不同于你那些俗套的心肺功能训练计划，如果你确实训练有素，力量较大的话，它会让你累到不可思议的。你的心血管系统也将会得益于你的日常训练！

训练方案A*	练习	组数	每组次数	速度	组间休息时间	页码
A1	杠铃硬拉	4	最多10次	4010	10秒	89
A2	站姿杠铃肩部推举	4	最多10次	3010	10秒	135
A3	正握引体向上	4（需要的话就增加负重）	最多10次	3010	10秒	136
A4	杠铃后蹲	4	最多10次	4010	2~4分钟	78

* 如果你感到这套训练方案会让下背部有反应，一个不错的选择是不用普通的杠铃，而是换用六角杠铃，将压力转移到股四头肌上。

某些教练关于“心肺功能训练”的谎言

25年前，当我还是个十几岁的小男孩儿时会为很多事烦恼，常常感到义愤填膺，父亲总把我比喻成一根压得紧紧的弹簧。从那之后，我变得成熟了一点儿，但时不时还是会怒气上涌，对缺少教育的白痴感到愤怒无比。最让我感到生气的是两件事：笨蛋搞的政治和冒充健身专家的白痴提出的训练建议。

不久前，我在社交媒体上读到某位跳梁小丑写的一条标题，这让我的怒火瞬间爆发。这个小丑扯起反对心肺功能训练的大旗，坚决鼓吹跑步会让你变胖，还说要是你训练时身边有任何电器，就是在浪费时间。

我一点儿也没有夸张。

我不认为心肺功能训练是最有效的改善身体成分的工具，特别是某些跑步方式，但要是说我去跑步就会长胖，这就是打常识和经验的脸了。

写“跑步让你变胖”这个标题的傻瓜企图吸引你的注意力，但他没有意识到，大多数人读到任何消息时都只能接受10%，所以不管他还写了别的什么，大部分人都只能想起这个标题。

这样的错误往往又因为似是而非的说法而变得更加严重，我经常从某些私人教练那里听到的一种说法是：你只需要去健身房看看做重量训练的人和做心肺功能训练的人谁更瘦就行了，因为肯定是做重量训练的人更胖。

我愿意打赌，我比99.99%的私人教练去过的重量训练健身房都多，按我的经验，胖子都会聚在卧推台旁边，对有氧训练避之唯恐不及；然后等他们想减肥时，就会踏上跑步机。

但这并不意味着这些家伙（顺便说一句，他们几乎都是男人）之所以胖，是因为他们喜欢卧推，并避免任何形式的心肺功能训练。因果关系没这么简单。但外行只会看到做心肺功能训练的瘦子和在举重的胖子，这样的场面没有任何意义，只会破坏其他有价值的信息。

让我们来建设性地解决心肺功能训练在训练的万神殿中的地位问题吧。它确实应该有一席之地，做有氧训练是不会让你失去所有肌肉的！你可能已经注意到了，那些说有氧训练会让你失去肌肉的人自己的肌肉量也都少得可怜。

有氧训练也不会让你发胖。既然我们解决了这个令人震惊的问题，那么我要列出一些要点，你可以借助它们来解决心肺功能训练的难题。

14 条常识性心肺功能训练规则

01

如果你的训练时间有限，那么心肺功能训练不是减肥的最佳方式。如果你每周只能去三次健身房，其他时间完全没机会锻炼的话，那么高强度的重量训练永远比心肺功能训练效果更好。

02

对于每周只能去三四次健身房（做重量训练），但还有时间在家里或户外锻炼的人来说，心肺功能训练是非常好的减脂工具。我的态度是：为什么要把健身房里的宝贵时间浪费在做心肺功能训练上呢？

03

长期的心肺功能训练可能会适得其反。我从不相信它会让你更胖，但它对你的皮质醇水平会造成负面影响，让恢复变得更加困难，对想增肌或者只是想让肌肉形态变得更好看的人来说是有害的。基本上，长期重复进行心肺功能训练会让你看起来更“苗条”，但如果缺乏高质量的肌肉，你就有成为可怕的“消瘦的胖子”的危险。

04 有氧训练会在6~8周后达到稳定期。这意味着传统的有氧健身方式在不断提高健康水平方面的价值是有限的。一个提示：你完全不必过分强调心肺功能训练就可以锻炼心脏（这才是心肺功能训练的真正含义），提高新陈代谢水平，改善有氧能力。实际上你可能根本不需要做任何“传统的有氧训练”。此外，如果你确实想为了减肥或健身去做心肺功能训练，那么把它和多种训练方式结合起来也会有助于防止你的身体进入一个效率更高、代谢加速更少的状态。不同的器械，不同的速度，上坡，下坡——你的选择是无穷无尽的，这远比在同样的水平上盲目跋涉对身心健康要有益得多。

05 你会听到有些人喋喋不休地谈到伴随着心肺功能训练而来的氧化应激（oxidative stress）和皮质醇升高的问题。我要说的是，如果它让你感觉良好，而且你本来就身体健康，那么轻度的这种情况是不会对你有伤害的。但这并不意味着你每天要花2小时在跑步机上。高强度的心肺功能训练——无论是间歇训练还是稳定训练——应该谨慎进行，但每周两次、每次30分钟的训练一般对减肥有效，此外，如果你喜欢长时间散步，要是这让你感觉良好，那就去散步吧。它的正面影响远大于负面影响，只不过不要自欺欺人地认为这能代替更有效的减肥训练就行了。

06 如果你想最大限度地增肌，那每周三次、每次30分钟快步走可能是有用的，但很可能并不是必需的，前提是你的重量训练足够刻苦，训练量和频率也足够。只要你的睾酮水平比被阉割过的仓鼠来得高，那么在每周四次重量训练的基础上加上几次快步走是不会真正影响你恢复的。

07

如果你想最大限度地增肌，同时又想减脂的话，那么我建议重量训练与快步走训练的比例为6:1。不过这因人而异，和你自己的恢复水平、热量损失，以及你做的阻抗训练类型关系非常大。如果你能去健身房的时间有限，那么在你专注减脂、学习塑身期间，除了重量训练之外，每周还能进行3~6次额外的有氧训练的话，短期内是会受益的。

08

你必须始终根据自己的目标选择训练项目。对于首先考虑增肌或保持肌肉的人，我真的不推荐间歇心肺功能训练。我认为艰苦的重量训练所需要的巨大身心投入已经太大了，不能再在此基础上增加间歇训练了。但如果你的目标是变得体形精干，像运动员，那么加入间歇训练会有很大的好处。对大多数并不想在竞技体育领域出类拔萃的普通人来说，我会为他们选择心肺功能训练（见后文第14条）。

09

心肺功能训练需要在正确的时间进行。如果你打算一次做完所有训练的话，永远要先做重量训练，再做心肺功能训练，反过来的话会影响你重量训练的表现，也会限制心肺功能训练的燃脂效果：在重量训练之后，被释放到血液中、用以转化为能量的脂肪酸要比重量训练前多得多。

10

有些人会告诉你，你不应该在任何电子健身器械上进行心肺功能训练，因为它们产生的电磁应力会提高皮质醇水平，诱发胰岛素抵抗。这种说法愈演愈烈，你甚至都不应该在看似无害的iPod附近做运动，因为它同样会限制你的减脂效果。我对此意见极大。如果你是在为奥运会进行训练，那就把电子器械关上好了。但如果不是，那就别担心。底线是：如果听iPod能激励你训练得更刻苦，那就随便听。

11 我认为动感单车差不多和斜躺自行车一样是在浪费时间！跑步机、划船机、登台阶机，或者拳击沙袋和拳击垫是我在健身房的首选器械。这些器械都让你有多种多样的健身选择，你可以视情况决定是慢慢来还是做高强度锻炼。

12 稳定状态或相对要求不高的最佳心肺功能训练方式是户外快步走。如果你有段时间没有尝试过快步走了，那我希望你去试一试。它会让你感觉更有活力。这是我个人最喜欢的运动。

13 如果你痴迷于心肺功能训练，现在想要减量，但又怀念内啡肽奔涌而出的感觉或是“跑者的兴奋感”，那就学学如何在大运动量和最短休息时间的情况下做重量训练吧。找间人少的健身房，能让你做完一套项目繁多的多组合训练循环——全身运动或部分身体部位的训练都好，这取决于你的目标——然后把自己练到精疲力竭吧。

14 燃烧脂肪、促进健康的最佳心肺功能训练方式其实并不被大多数人认为是心肺功能训练。如果我在艰苦的阻抗训练之外还要补充任何类型的减脂/体能训练的话，我会增加经过改进的大力士训练。这种训练方式的美妙之处在于，它能提升新陈代谢水平，并保持长达36小时之久；它能让你以真正有效而原始的方式进行训练，而器械上的传统心肺功能训练永远做不到这一点；相对于跑步来说，这些训练的冲击力和重复感要小得多，对软组织要友好得多，而且又是这么有挑战性，这么有乐趣！

05

终极塑身计划：训练计划

你已经完成了入门级训练（参见第33页和第62页），现在准备开始应对本书的核心训练计划吧。

你可能会想要一份12周的计划摆在你面前，让你一步一步、一天一天去执行。抱歉，这份计划不完全是这样的。为了帮你制订一份适合自己具体目标的计划，我设计了一个训练方案，允许你根据自己想加强的身体部位增减内容。比如，要是你的胳膊细得像意大利面条，就需要做额外的手臂训练。要是你是个瘦竹竿，就需要多做额外的肩部训练。

我们对某块肌肉投入的努力、训练量和强度越大，在一定程度上，它的反应就会越好。

训练

理想的情况是，我们暂时让肌肉超负荷，通常称为拔高训练（overreaching），然后我们再回到超量补偿（正向反弹）的

状态。

但我们必须始终牢记，人体只能承受一定量的训练和压力，之后再训练就会适得其反。这就是通常所称的过度训练（overtraining）。如果达到了过度训练阶段，那么唯一的办法就是休息到恢复正常为止。你已经走得太远，不太可能从超量补偿中获益了。

你要遵循的训练计划将包括以下因素，它们都会在下文中具体讲到：

- 一份你坚持遵循的12周基础训练计划。
- 让你能重点加强特定身体部位的专项训练计划。
- 强制休息时间，以进行超量补偿，并让肌肉最大限度地生长。

你的个人训练计划要点

基础训练

基础训练计划包括12周，每周三次，编号为1~36。每周的三次训练分别针对不同的肌肉群：一是胸部和背部；二是腿部；最后则是手臂和肩部。

如果你只是遵循这个计划进行训练，也能练得不错，但所有的主要肌肉群每周都只能练到一次。这样的刺激频率太低了，无法取得最大效果。不过有些身体部分即使进步缓慢你也会感到满意，那么这个练习频率是绰绰有余了，你可以把更多的精力和更高的刺激频率放在需要加强的身体部位上。

因此，每周你要从三个基础训练计划中选择两个进行训练。我要说清楚——你并不需要每周把三个基础训练都做全。

为什么？因为你要减少一次基础训练，用两次专项训练来替代它。

专项训练

你可以选择的专项训练部位包括手臂、胸部、肩部、背部和腿部。

如果你想要专项训练腹部，那么在99.9%的情况下，你都需要先减脂而不是先长腹肌，因此我没有在书中包含这部分内容，这是为了避免不必要的分心。如果你属于另外的0.1%，那么你可以在www.UltimateTransformation.Guide网站免费下载到这一部分的专项训练方案。

每个部位的专项训练计划编号为A~E或A~F（取决于具体部位），持续3周。在这3周内，你必须遵循这份专项训练方案，而且在一段时间内只做一个部位的专项训练。

在12周训练计划里，你可以多次针对同一肌肉群做专项训练，但不能连续进行。在两次针对同一肌肉群的专项训练之间必须有3周间隔用来专项训练另一部位。

比如，如果你只想加强胸部和手臂，那你可以按照下面的专项训练策略进行训练。你会在下一节的基础训练和专项训练部分找到所有练习的分步骤详细指南。

如何保持

这本12周健身计划的美妙之处不仅在于你可以优先强化不同的肌肉群，来塑造体形更好、块头更大、整体更平衡的身体，而且它是一份你可以终生遵循的训练计划。因为你一旦完成了12周的训练计划，就可以简单地回到开头重新来过了。你会需要增加训练重量来保持肌肉生长，这不成问题，因为你现在已经变得更强壮了——然后你只要把那些你现在需要集中强化的身体部位的专项训练加进来就行了。比如你在第一个12周期间集中强化了肩部和手臂，就像我们和乔训练时一样；那么重新开始时你就可以专注于胸部和背部，或是腿部，或是你想强化的任何肌肉群。你可以不断地重复这一过程，不断变得块头更大、更强壮、更精干。所以说，这本书是你唯一需要的训练指南。

第1~3周 手臂专项训练 + 基础训练第1~3周 胸部和背部，腿部 （不必做手臂和肩部基础训练）	**第4~6周** 胸部专项训练 + 基础训练第4~6周 手臂和肩部，腿部 （不必做胸部和背部基础训练）
第7~9周 手臂专项训练 + 基础训练第7~9周 胸部和背部，腿部 （不必做手臂和肩部基础训练）	**第10~12周** 胸部专项训练 + 基础训练第10~12周 手臂和肩部，腿部 （不必做胸部和背部基础训练）

分步骤动作练习指导

在我们谈到训练计划的细节之前，我要先为你一步一步地讲解所有的练习，教会你如何让每项练习的效果最大化的小技巧。记住，这意味着要让你的肌肉纤维承受最大的压力，以最大限度地刺激最有力的肌肉生长。本节中的所有练习都会包括在基础训练和专项训练部分当中。

在SHAZAM看到更多!

本节中的所有练习都可以应用智能手机上的Shazam应用找到更详细的说明。找到每个练习上的图标，Shazam就会立即为你解锁一段配有解说的独家视频演示。

安卓版和苹果版的Shazam应用可以在Shazam.com或App Store中下载到。

打开

Shazam应用

轻按

Shazam的照相机图标

点击

任何图标以解锁内容

30° 哑铃弯举

01 坐在30° 上斜平凳上，双手各持一个哑铃。

02 保持背部贴紧平凳，双肘贴近身体两侧，弯举哑铃至肩膀高度。

03 到达最高点时，挤压肱二头肌。

04 缓慢回到起始位置。

尼克小技巧

在动作到达最低点时（注意控制，不要晃动），尽全力收缩肱三头肌，到达最高点时则全力挤压肱二头肌，就像要在肘部内侧夹住一支铅笔一样。

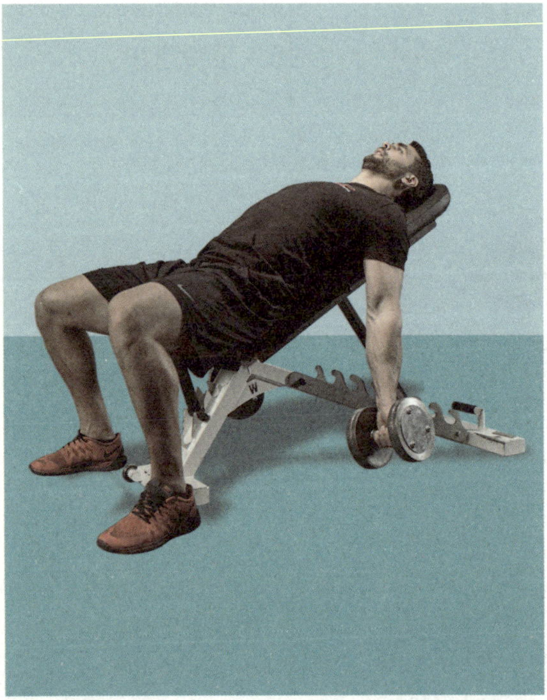

45° 哑铃弯举

01 坐在45° 上斜平凳上，双手各持一个哑铃。

02 保持背部贴紧平凳，双肘贴近身体两侧，弯举哑铃至肩膀高度。

03 到达最高点时，挤压肱二头肌。

04 缓慢回到起始位置。

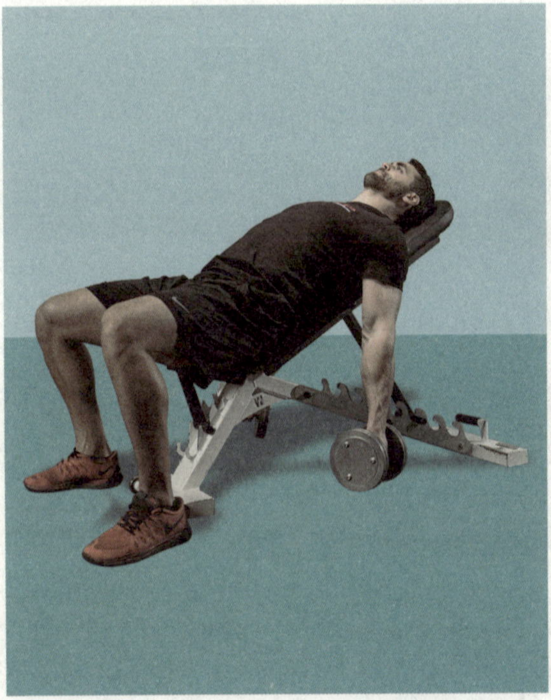

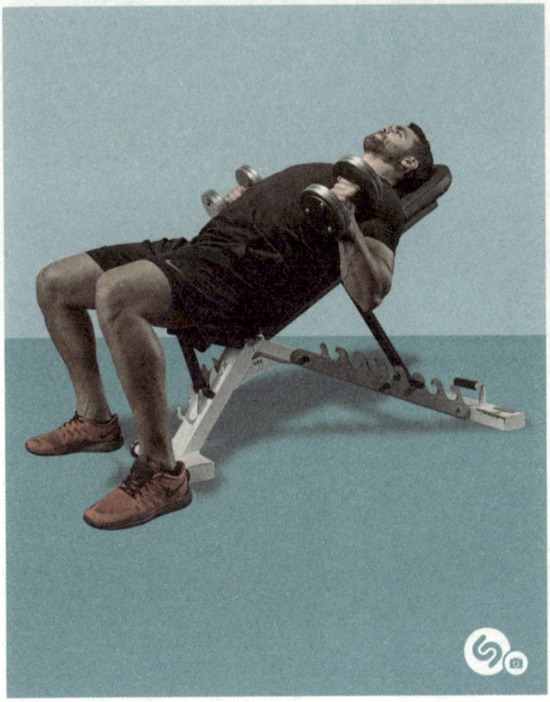

60° 哑铃锤式弯举

01 坐在60° 上斜平凳上，双手各持一个哑铃，掌心相对。

02 保持背部贴紧平凳，双肘贴近身体两侧，弯举哑铃至肩膀高度。

03 到达最高点时，挤压肱二头肌。

04 缓慢回到起始位置。

尼克小技巧

在完全收缩位置要抗拒住把哑铃放到肩膀上休息的冲动。

杠铃后蹲

01 直立挺胸，将杠铃放在肩膀上，用全握法*握住杠铃。

02 保持挺胸，核心肌肉群绷紧，下蹲，直至大腿至少与地面平行。

03 用力地回到起始位置。

04 缓慢放下杠铃，回到起始位置。

* 全握法是四指和大拇指都绕过杠铃杆的握法。

尼克小技巧

对95%的学员来说，在脚跟下面垫块板子能帮助他们采用更好的后蹲姿势。第二个技巧则是，在整个动作中都要绷紧肌肉，杠铃要压住肩部。

拉力带硬拉

01 站在深蹲架前，面前放一副杠铃，杠铃杆两侧用拉力带固定在深蹲架的栓子上。

02 下蹲，用全握法握住杠铃，双手贴近膝盖外侧。

03 保持核心肌肉群绷紧，肩膀收缩，利用脚跟下压提起杠铃。

04 尽量保持杠铃杆靠近身体，拉过膝盖时，臀部向前顶。

05 反向进行动作，回到起始位置。

尼克小技巧

我们在训练计划里加入这一练习的目的是为了增加中背部和上背部的训练。这就意味着你应该采取宽握法*，每侧至少比肩膀宽出6英寸，在整个硬拉过程中，要注意保持肩胛尽可能向后收。在这项练习中使用拉力带也会让你受益，这样你的握力就不会成为薄弱环节了。

* 根据握住杠铃时双手之间的距离不同，一般可分为四种握法：宽握、中握、窄握和并握。不同的握距和握法锻炼的部位有所不同。

杠铃俯身划船

01 直立挺胸，用全握法握住杠铃，双手距离比肩略宽。

02 轻微屈膝，从臀部开始向前倾，保持核心肌肉群绷紧。

03 用肘引导，将杠铃提起至肚脐位置。

04 缓慢放下杠铃，回到起始位置。

尼克小技巧

在这一练习中，人们很容易去追求提起更重的重量，而忘记了正确的姿势。在整个动作过程中注意力都要集中在收缩肌肉上，保持肘贴近身体。如果做不到，就减轻重量。

曲杆杠铃手腕弯举

01 直立挺胸，用全握法握住曲杆杠铃。

02 向前臂方向弯曲手腕。

03 缓慢回到起始位置。

曲杆杠铃背后手腕弯举

01 直立挺胸，在背后用全握法握住曲杆杠铃，掌心向后。

02 向前臂方向弯曲手腕。

03 缓慢回到起始位置。

尼克小技巧

这样的小练习很容易追求速度，需要警惕。相反，每次动作都要确保手腕弯曲到最大幅度，以做到充分挤压肌肉。

杠铃卧推

01 仰卧在平凳上，双脚着地置于膝盖正下方。

02 用宽握法握住杠铃。

03 缓慢地将杠铃放低至胸部，直至几乎触及乳头为止。

04 用力举起杠铃，回到起始位置。

+

尼克小技巧

不要用胸部弹起杠铃；在反向动作（放低杠铃）时，向下后方挤压肩胛；肘内收，让上臂与躯干之间的角度保持在60° 左右。

跳箱

01 站在箱子前。

02 下蹲，爆发式地跳上箱子。

03 退回到起始位置。

绳索手腕弯举

01 面向滑轮架直立，握住连接在低位滑轮拉力器上的手柄，掌心向外。

02 向前臂方向弯曲手腕。

03 缓慢回到起始位置。

绳索面拉

01 在滑轮架的高位滑轮拉力器上安装双绳手柄，握住手柄。

02 向头部方向拉动手柄，保持上臂与地面平行，将两侧手柄分别拉至脸部两侧。

03 缓慢回到起始位置。

尼克小技巧

如果你站着做这个动作时很难有感觉，即使用弓步站姿也不起作用的话，试试靠住某个坚实的东西，甚至可以坐下来。这会更有效地作用于上背部和后三角肌。

窄握杠铃卧推

01 仰卧在平凳上，双脚着地置于膝盖正下方。

02 用全握法握住杠铃，双手距离与肩同宽。

03 缓慢将杠铃放低至胸部，直至几乎触及乳头为止。

04 用力举起杠铃，回到起始位置。

尼克小技巧

双手距离不要过近，否则压力会落在手腕上。通常最佳的双手距离为12英寸（约30厘米）左右。

杠铃硬拉

01 站在杠铃前，下蹲，双手贴近膝盖外侧，用全握法或混合握法*握住杠铃。

02 保持核心肌肉群绷紧，肩膀收缩，利用脚跟下压提起杠铃。

03 保持杠铃杆接近身体，拉过膝盖时，臀部向前顶。

04 反向进行动作，回到起始位置。

* 混合握法是一只手正握、另一只手反握住杠铃杆的握法。

＋

尼克小技巧

不要把重心落在脚趾上，这会让身体太过于前倾；相反，略微后坐一点儿，向地面施加压力。一般不要穿跑鞋做硬拉，如果你的健身房允许的话，只穿袜子做硬拉通常是改正动作姿势的有效方式。

下斜杠铃卧推

01 仰卧在下斜平凳上。

02 用宽握法握住杠铃。

03 缓慢将杠铃放低至胸部，直至几乎触及乳头为止。

04 用力举起杠铃，回到起始位置。

尼克小技巧

在下斜练习中，你举起的重量比平卧或上斜时要感觉更重，所以，只要保持姿势完美，就不必害怕增加重量。

下斜拉力器夹胸

01 仰卧在两台滑轮架中间的下斜平凳上，双手各握住一个连接在低位滑轮拉力器上的D形手柄。

02 保持肘微屈，将手柄拉至胸部上方。

03 缓慢回到起始位置。

尼克小技巧

为了更好地收缩肌肉，可以将手肘向内旋转，让双手拇指相对。疲劳时则可以再将手肘向外旋转，回到双手手掌相对的标准姿势。

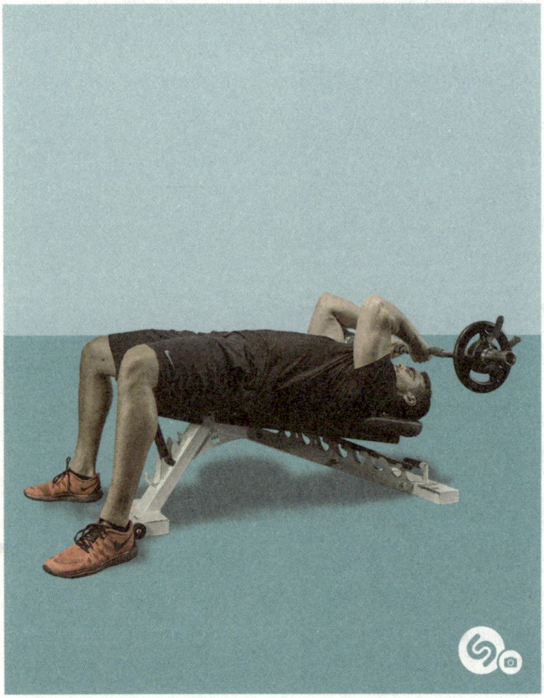

下斜窄握曲杆杠铃臂屈伸

01 仰卧在下斜平凳上，用窄握法全握住曲杆杠铃，位于胸部上方。

02 缓慢弯曲肘部，将曲杆杠铃向头顶方向落下，但保持肘部垂直。

03 缓慢回到起始位置。

尼克小技巧

只要肘部不感到疼痛，就尽量保持夹紧肘部的姿势，不要向外张开，至少在疲劳前不要。

下斜哑铃卧推

01 仰卧在下斜平凳上，双手各持一个哑铃，与肩同高。

02 保持双脚平放在地面上，背部贴紧平凳。

03 垂直举起哑铃。

04 缓慢回到起始位置。

尼克小技巧

为了达到最大程度的胸肌收缩，在动作最高点处，可以在胸部上方横向交叉上臂。

下斜哑铃飞鸟

01 仰卧在下斜平凳上，双手各持一个哑铃，手臂伸直。

02 保持双脚平放在地面上，背部贴紧平凳。

03 肘部微曲，张开双臂缓慢地将哑铃落到身体两侧。

04 缓慢回到起始位置。

尼克小技巧

遵循阿诺德·施瓦辛格对飞鸟动作的建议：想象你正在拥抱一棵大树，或是一个体形巨大的美女！

驴式提踵

01 用脚趾站在箱子上，臀部以上前倾。

02 提踵。

03 缓慢回到起始位置。

尼克小技巧

如果你足够强壮，可以找个训练伙伴骑在你的背上，但要小心！同时也不要小看自己——想想在你跑跳时一条腿要承受多少重量吧。

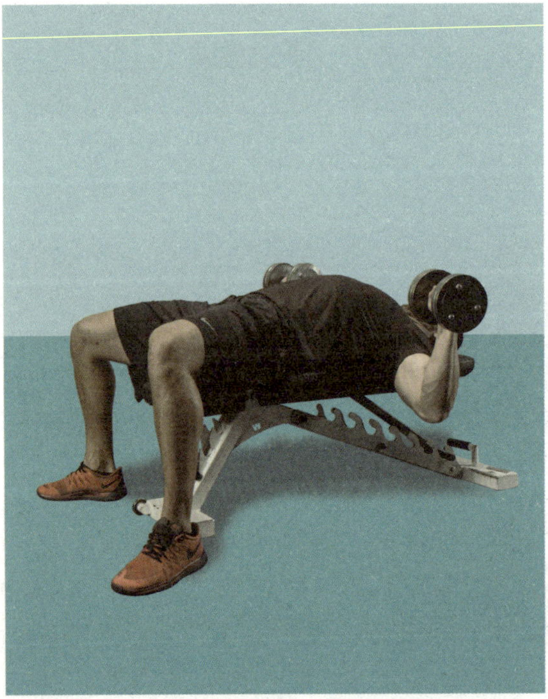

哑铃卧推

01 仰卧在平凳上，双手各持一个哑铃，与肩同高。

02 保持双脚平放在地面上，上背部贴紧平凳。

03 垂直举起哑铃。

04 缓慢回到起始位置。

尼克小技巧

放下哑铃时，向下后方收缩肩胛；举起哑铃时，不要用肩膀发力去举，尽量保持鼓起胸腔。

哑铃颈推

01 仰卧在平凳上，双手各持一个哑铃，位于颈部两侧。

02 保持双脚平放在地面上，上背部贴紧平凳。

03 垂直举起哑铃。

04 缓慢回到起始位置。

尼克小技巧

这一练习容易让肩膀受伤，因此请不要尝试难度太大的重量。保持有条不紊和控制，注意在每个动作到达最低点时做静态拉伸，到达最高点时则做硬收缩。

哑铃臂屈伸

01 仰卧在平凳上，双手各持一个哑铃，手臂伸直。

02 缓慢弯曲肘部，将哑铃向脸部方向落下，但保持肘部垂直。

03 缓慢回到起始位置。

尼克小技巧

只用前臂移动哑铃，不要像要把球扔越远越好那样去做动作。

哑铃上提

01 直立挺胸，双手各用全握法握住一个哑铃。

02 用肘引导将哑铃向上提，直至双手与胸部上方同高。

03 缓慢回到起始位置。

尼克小技巧

你要将哑铃向外提到体侧，而不要只是在身前“向上提”。这可能会逼迫你用较轻的重量，但它会让你更有效地锻炼非常重要的侧三角肌。

哑铃手腕弯举

01 直立挺胸，双手各持一个哑铃，掌心向前。

02 向前臂方向弯曲手腕。

03 缓慢回到起始位置。

曲杆杠铃斜托弯举

01 坐在斜托平凳上，用下手握法*握住曲杆杠铃。

02 保持肘部贴紧斜托，向下巴方向弯举曲杆杠铃。

03 缓慢回到起始位置。

* 下手握法是指手掌从杠铃杆下面绕过，掌心向上握住杠铃杆的握法，弯举动作多采用这一握法。

尼克小技巧

在整个动作过程中保持放低肩膀，不要耸肩。这会更有效地作用于锻炼目标——肱二头肌。

曲杆杠铃反向弯举

01 端坐挺胸，用全握法握住曲杆杠铃。

02 保持肘部贴紧斜托，向下巴方向弯举曲杆杠铃。

03 缓慢回到起始位置。

尼克小技巧

如果杠铃太重，你的肘部就会逐渐外分，这个练习就失去了作用。请严格将上臂贴紧斜托，只弯曲肘部，而不是从肩部开始向脸部方向移动曲杆杠铃，这样做没有任何作用，只会让肩袖和前三角肌疲劳。

杠铃前蹲

01 直立挺胸，将杠铃放在肩膀前，握住杠铃，肘部向前或是双手在肩膀前交叉。

02 保持挺胸，核心肌肉群绷紧，下蹲，直至大腿至少与地面平行。

03 用力地回到起始位置。

尼克小技巧

这个练习你没有任何理由不做到最大动作幅度。请确保每次下蹲时腘绳肌都能碰到小腿，如果你发现自己下蹲时脚趾会抬起来，可以在脚跟下面垫一小块板子或一对5千克的哑铃片。

臀肌-腘绳肌提拉

01 按照说明，正确而安全地就位到合适位置。

02 缓慢放低躯干，拉伸臀部，直到感觉腘绳肌得到了很好的拉伸。

03 用力地回到起始位置。

+

尼克小技巧

如果你的健身房里没有这一器械，可以用“北欧腿弯举”来模仿这个动作。请一位训练伙伴压住你的腿部后侧，保持跪姿，将躯干放低到地面上，在伸展时，顶住臀部向前送（也就是说不要向后翘起臀部）。

半硬拉耸肩

01 将杠铃放在地面上，下蹲，用全握法握住杠铃，保持肩胛收缩。

02 保持核心肌肉群绷紧，利用脚跟下压提起杠铃。

03 保持手臂挺直，提住杠铃向上耸肩，即肩膀向耳朵方向运动。

04 反向重复动作，回到起始位置。

尼克小技巧

更好的办法是用深蹲架，将安全栓固定在膝盖高度。不要让杠铃砸到安全栓上反弹回来，而是在重新提起杠铃之前只让杠铃在安全栓上停留一秒钟。

侧握引体向上

01 双手距离与肩同宽，掌心相对，握住横杠。

02 从悬垂姿势开始，让手臂完全伸展开。

03 通过挤压背阔肌引体向上，至下巴超过横杠位置。

04 缓慢回到起始位置。

尼克小技巧

这个动作的另一个名字是半旋握引体向上，它很容易变成匆忙地完成许多半个动作，而很难完成一个完整的标准动作。如果你不能做到下巴超过横杠位置，可以到www.UltimateTransformation.Guide上免费下载其他旋转肌群的练习。

YORK
10
kg
USA

尼克小技巧

在整个运动过程中，保持肩胛向下后方收缩。在做这个动作时，很容易通过上背部发力来“强迫”完成，这会让肩部更容易受伤。

上斜杠铃卧推

01 仰卧在上斜平凳上，双脚着地置于膝盖正下方。

02 用全握法宽握住杠铃。

03 缓慢将杠铃放低至胸部，直至几乎触及乳头为止。

04 用力举起杠铃，回到起始位置。

悬垂举腿

01 用全握法握住横杠，悬垂，身体垂直。

02 锁住膝盖，用下腹部发力抬起双腿，直至与地面平行。

03 缓慢回到起始位置。

尼克小技巧

不要只是并拢双脚，膝盖也要尽量并拢，这样才能更有效地作用于腹肌。

上斜哑铃飞鸟

01 仰卧在上斜平凳上，双手各持一个哑铃，手臂伸直。

02 保持双脚平放在地面上，背部贴紧平凳靠背。

03 保持肘部微曲，张开双臂缓慢将哑铃落到身体两侧。

04 缓慢回到起始位置。

＋

尼克小技巧

这个动作的口号是“伸展和压缩”。尽全力做到这一点。

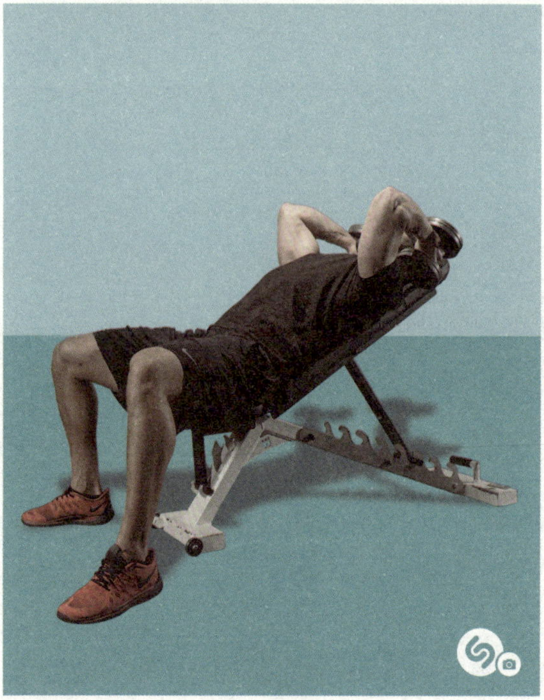

上斜哑铃臂屈伸

01 仰卧在上斜平凳上，双手各持一个哑铃，手臂伸直。

02 缓慢弯曲肘部，将哑铃向头顶方向落下，但保持肘部垂直。

03 缓慢回到起始位置。

尼克小技巧

肘部不要太过于外翻，也不要把哑铃“扔”到高点。上臂保持在稳定位置不动，通过肘关节来移动哑铃，不要用肩关节。

健身球上斜平板支撑

01 将前臂放在健身球上，双腿伸直，做出平板支撑姿势。

02 从头到脚保持一条直线，保持核心肌肉群绷紧，臀部不要塌。

尼克小技巧

在整个练习过程中尽全力压缩臀部。在你面前的地面上放一块秒表，这样你就可以朝着你的目标倒计时（并达到！）。

上斜俯卧哑铃划船

01 胸部以下俯卧在上斜平凳上，双手各持一个哑铃，掌心相对。

02 保持胸部贴紧平凳，用肘部引导，通过收缩肩胛提起哑铃。

03 缓慢回到起始位置。

尼克小技巧

你不是单纯地用手臂把哑铃提起来，实际上，你是要努力将手臂向后收缩，就像开动船上的舷外发动机或启动汽油驱动割草机时那样。

上斜俯卧哑铃飞鸟

01 胸部以下俯卧在上斜平凳上，双手各持一个哑铃，掌心相对。

02 保持胸部贴紧平凳，张开双臂向上提起哑铃，保持肘部微曲。

03 缓慢回到起始位置。

尼克小技巧

为了更有效地作用于后三角肌，可以尝试向内旋转哑铃（双手向下旋转，让大拇指指向地面）。

上斜俯卧单臂划船

01 用不做动作一侧的膝盖和手支撑住上斜平凳，另一只手握住哑铃，掌心向内。

02 缓慢将哑铃朝胸部提起，手臂向后收缩，注意挤压背部，不要用肱二头肌发力。

03 缓慢回到起始位置。

尼克小技巧

虽然这与常规划船动作非常类似，但我希望你能尽量将手臂向后收缩，这样整个动作会是通过背阔肌而不是肱二头肌发力的。

跪姿窄握曲杆杠铃弯举

01 呈跪姿，用下手握法在身前窄握住曲杆杠铃。

02 肘部固定在身体两侧，向下巴方向弯举曲杆杠铃。

03 缓慢回到起始位置。

尼克小技巧

跪姿可以使动作更到位。保持姿势，忘记自己举的重量，只把注意力放在全力挤压肱二头肌上，保持手腕稍向回翘，这样可以更有效地作用于肱二头肌。

后仰引体向上

01 用全握法握住横杠，双手距离与肩同宽。

02 从悬垂姿势开始，让手臂完全伸展开，躯干后仰，远离横杠。

03 通过挤压背阔肌引体向上，至下巴超过横杠位置。

04 缓慢回到起始位置。

尼克小技巧

这个练习难度很大。如果你做起来有困难，可以做普通的正握引体向上，然后只在负向动作部分做后仰。

仰卧举腿

01 坐在器械上，按照说明，正确而安全地就位到合适位置。

02 松开安全栓，弯曲膝盖，缓慢地让平台朝你的方向降低。

03 用脚跟向前蹬，伸直双腿，回到起始位置。

尼克小技巧

在这个练习中永远不要绷紧膝盖；把腿伸直到90%的程度就够了。这会让这个动作更安全有效。

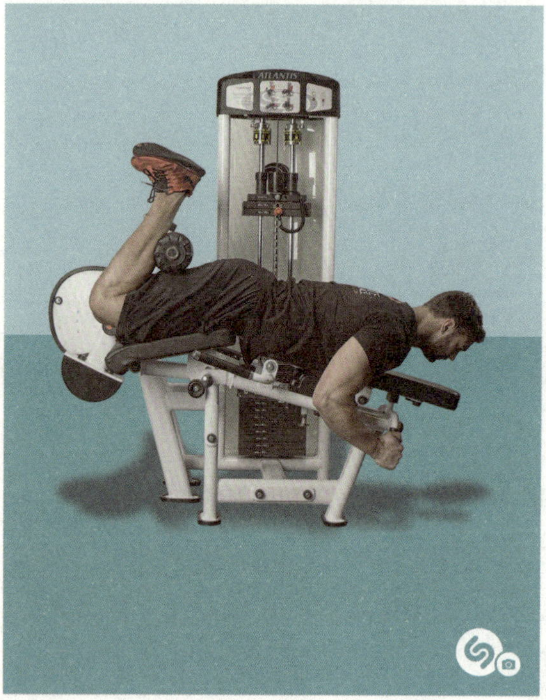

俯卧腘绳肌卷曲（勾脚尖*）

01 俯卧在器械上，按照说明，正确而安全地就位到合适位置。

02 小腿后侧下部贴在护垫上，勾起脚尖，收缩腘绳肌，抬起小腿。

03 缓慢回到起始位置。

* 即脚面与小腿呈90° 左右。

尼克小技巧

保持臀部向下压，贴紧平凳，以最大限度地增加腘绳肌的神经募集能力。

俯卧腘绳肌卷曲（绷脚尖*）

01 俯卧在器械上，按照说明，正确而安全地就位到合适位置。

02 小腿后侧下部贴在平板上，绷起脚尖，收缩腘绳肌，抬起小腿。

03 缓慢回到起始位置。

* 即脚面与小腿呈一条直线。

尼克小技巧

你做这个动作的力量会弱于做勾脚尖的卷曲动作，因为小腿在这个动作中不起作用了。不过这是违反直觉的，一开始，由于我们的神经连接状况，你的小腿可能会抽筋。但在一两次训练后，随着新的神经系统模式的建立，这种状况就会消失。

仰卧哑铃屈臂上拉

01 上背部仰卧在横放的平凳上，双脚平放在地面上。

02 双手握住一个哑铃，位于胸部上方。

03 缓慢将哑铃向头顶方向落下，保持肘部微屈。

04 举起哑铃，回到双臂伸直位于胸部上方的初始位置。

尼克小技巧

注意保持肩胛下压，朝背部中间收缩，上臂始终靠近身体并保持紧张。用上背部发力开始动作，而不要用胸部和肱三头肌发力。

器械深蹲

01 进入健身器械，按照说明，正确而安全地就位到合适位置。

02 松开安全栓，缓慢弯曲膝盖，蹲到最低位置。

03 用脚跟向前蹬，伸直双腿，回到起始位置。

尼克小技巧

尽量不要用脚趾前蹬，而是用脚底外侧来蹬。

中握法背阔肌下拉

01 坐在器械上，用全握法握住连接在高位滑轮拉力器上的手柄，双手距离与肩同宽。

02 收缩肩胛，保持核心肌肉群绷紧。

03 将手柄下拉至胸部上方。

04 运动到最低点时，挤压背阔肌。

05 缓慢回到起始位置。

尼克小技巧

要不断地提醒自己“挺胸”！你需要尽全力挤压肩胛，如果佝偻着肩就做不到这一点了。

胸肌臂屈伸

01 握住双杠，在保持核心肌肉群绷紧的前提下身体尽量前倾。

02 肘部向后，慢慢将身体尽可能降到最低。

03 用力向上撑起身体，回到起始位置。

尼克小技巧

为了最大限度地作用于胸肌，将下巴收缩到胸部。此外，在撑到最高点时不要锁住不动。

上斜俯卧哑铃锤式弯举

01 胸部以下俯卧在上斜平凳上，双手各持一个哑铃，掌心相对。

02 保持胸部贴紧平凳，弯举哑铃至肩膀高度。

03 到达最高点时，挤压肱二头肌。

04 缓慢回到起始位置。

尼克小技巧

在举起哑铃时，你会想拼命将肘向后收。不要这样做，要注意保持上臂与地面垂直。只有你开始累了，竭力想要再多做一两个时才可以向后收臂，但是请记住，这是（好的）作弊，而且这一两个是不能算进你做的总数里去的！

坐姿颈后推举

01 端坐在直背平凳上，双手与肩同宽握住杠铃，放在颈部后面。

02 保持挺胸，核心肌肉群绷紧。

03 将杠铃垂直向上举，直至手臂伸直。

04 缓慢回到起始位置。

尼克小技巧

在理想情况下，做这个动作时，你可以将上背部支撑在直背平凳的靠背上。这里最好的“小技巧”就是，如果你的肩部/胸部上方的灵活性不足以支持这个动作，就去做坐姿哑铃推举。

ATLANTIS

尼克小技巧

不要犯每次拉伸都用手臂开始发力的错误，应该先将肘向后收，就好像讨厌的教练就站在你身后，你想用肘怼他身上柔软的部位似的（我指的是头部或是私处，可不是他钢铁一般坚硬的腹肌）。

坐姿绳索划船

01 坐在器械上，膝盖微屈，用全握法握住连接在低位滑轮拉力器上的双绳手柄。

02 开始练习前确保绳索拉紧。

03 将手柄拉至肚脐位置，保持挺胸，两肩胛挤压靠拢。

04 缓慢回到起始位置。

坐姿提踵

01 坐在器械上，将平板放在股四头肌上，脚趾放在平台上。

02 松开安全栓，提踵，保持挺胸。

03 缓慢回到起始位置，确保脚跟低于平台位置，这样才算完成了一次完整动作。

尼克小技巧

在运动到最低点时，要通过主动收缩胫骨前肌（小腿前方的肌肉）来确保达到最大的动作幅度。

坐姿哑铃肩部推举

01 端坐在直背平凳上，双手各持一个哑铃，与肩同高，掌心向前。

02 保持双脚平放在地面上，核心肌肉群绷紧，背部贴紧平凳靠背，抬头正视前方。

03 将哑铃上举过头至手臂伸直。

04 缓慢回到起始位置。

尼克小技巧

不要只是把哑铃垂直向上举，而是要保持肘向后，与躯干处在同一条直线上，甚至可以通过轻微的弧线将其上举，以此来收缩三角肌。

坐姿哑铃侧平举

01 端坐在直背平凳上，双手各持一个哑铃，放在身体侧面，掌心相对。

02 保持双脚平放在地面上，核心肌肉群绷紧，背部贴紧平凳靠背，抬头正视前方。

03 张开双臂向上提起哑铃，保持肘微屈。

04 缓慢回到起始位置。

尼克小技巧

做这个练习时抛开你的自负吧。如果它没有让你的（侧）三角肌中束灼烧起来，就换用较轻的哑铃，直到你能用正确的肌肉收缩方式把哑铃举起来为止。重要的不是举多少重量，而是如何收缩肌肉。

坐姿全握法绳索划船

01 坐在器械上，膝盖微屈，用全握法握住连接在低位滑轮拉力器上的手柄。

02 开始练习前确保绳索拉紧。

03 将手柄拉至肚脐位置，保持挺胸，两肩胛挤压靠拢。

04 缓慢回到起始位置。

尼克小技巧

在正向动作部分发挥爆发力，用最大的力量将重物拉到腹部附近。你的目标应该是在手柄拉到肚脐位置时，能让系在绳索末端的重物急促晃动。

坐姿斯科特推举

01 端坐在直背平凳上，双手各持一个哑铃，与肩同高，掌心面向自己。

02 保持双脚平放在地面上，核心肌肉群绷紧，背部贴紧平凳靠背，抬头正视前方。

03 上举哑铃的同时转动手腕外翻，这样在手臂伸展开时，手背转到面向自己的方向。

04 缓慢回到起始位置。

尼克小技巧

这一练习更注重的是姿势，而不是重量。我希望你向后旋转肘部，和三角肌一起上举，而不是单纯地用三角肌推举起哑铃。

站姿杠铃肩部推举

01 双脚分开，与臀部同宽，双手距离比肩略宽，握住杠铃，放在胸部上方。

02 挺胸，保持核心肌肉群绷紧。

03 将杠铃上举过头，直至手臂伸直。

04 缓慢回到起始位置。

尼克小技巧

所有采用站姿的上身练习都可以改用“弓步站姿”，即将一条腿放在另一条腿前面约2~20英寸（约5~50厘米）的位置，这样下背部就不会有过度伸展的压力。

正握引体向上

01 用全握法握住横杠，双手距离与肩同宽。

02 从悬垂姿势开始，让手臂完全伸展开。

03 通过挤压背阔肌引体向上，至下巴超过横杠位置。

04 缓慢回到起始位置。

尼克小技巧

一个完整动作意味着完全拉上来并完全放下去。大部分混健身房的老手也都需要这个提醒。

反握引体向上

01 用下手握法握住横杠，双手距离与肩同宽。

02 从悬垂姿势开始，让手臂完全伸展开。

03 通过挤压背阔肌引体向上，至下巴超过横杠位置。

04 缓慢回到起始位置。

尼克小技巧

反握引体向上应该叫作“胸部向上”。比起人们常说的“引体向上至下巴超过横杠位置”的动作，我更想看到你想把胸部拉到横杠位置。这样你就能长出更多的肌肉，锻炼出更大的力量。

单腿提踵

01 单腿直立站在凸起平台上。

02 提踵。

03 缓慢回到起始位置，确保脚跟低于平台位置，这样才算完成了一次完整动作。

站姿提踵

01 双腿直立站在凸起平台上。

02 提踵。

03 缓慢回到起始位置，确保脚跟低于平台位置，这样才算完成了一次完整动作。

+

尼克小技巧

尝试手握一个哑铃做这些提踵动作。我不介意你在做这个动作时膝盖有轻微的弯曲，但请抵抗住移动双脚的冲动——要保持重心落在脚后跟上。

肱三头肌臂屈伸

01 握住双杠，保持身体垂直、核心肌肉群绷紧。

02 肘部向后，慢慢地将身体尽可能降到最低。

03 用力向上撑起身体，回到起始位置。

尼克小技巧

上身要保持垂直，这样才能最好地作用于肱三头肌，在正向动作部分争取发挥爆发力。实际上，你可能做不到非常迅速地撑起身体，但只要你有目的地这么去做，就会增加更多的肱三头肌纤维。到了这个阶段，你已经不需要我提醒你在最低位置时晃来晃去是个非常糟糕的习惯了，对吗？

哑铃弓步行走

01 选择一条足够长的无阻碍通道，在通道一端直立挺胸，双手各持一个哑铃，掌心相对。

02 保持核心肌肉群绷紧，向前迈出一大步，并做弓步，直至两个膝盖都弯曲到90°。

03 后脚蹬地，后腿弓步迈向前方，重复上述动作。

尼克小技巧

如果你发现自己在起立时腿软"塌下去了"，就在策略上"先退一步"，徒手做这个练习。

UP
ATLANTIS

负重肱三头肌臂屈伸

01 握住双杠，保持身体垂直，核心肌肉群绷紧。

02 双脚间夹住一个哑铃，或是用腰带缚住一块杠铃片。

03 肘向后，慢慢地将身体尽可能降到最低。

04 用力向上撑起身体，回到起始位置。

尼克小技巧

你的动作幅度应该足够大，在你降到最低位置时，应该可以在肘弯间夹住一张纸片。

遵循计划进行训练

你已经准备好开始训练了，现在需要将基础训练和专项训练结合起来，创建自己独有的定制训练方案。

总的来说，专项训练是让你在3周时间内集中训练某个特定的部位（手臂、背部、胸部、肩部、股四头肌），并应该与相应的基础训练（每周一次）配合完成。专项训练方案编号为A~F或A~E，基础训练方案编号为1~36。在任何一周，你的基础训练方案中都不应包括专项训练的部位，因此，**每周你需要从三个基础训练方案中选择两个**，以配合自己的专项训练。你不必做专项训练部位的基础训练方案；比如你选择了手臂专项训练，那么在这3周里就不要再做手臂和肩部的基础训练方案。

3周结束时，你必须为接下来的3周时间选择另一个不同的专项训练部位——**你永远不应该在连续两期的3周训练中重复选择同一部位的专项训练。**

比如，如果你只想重点强化肩部和胸部，那么你可以按以下专项训练策略来进行训练：

第1~3周，手臂专项训练 手臂专项训练方案A~F	+	胸部和背部、腿部基础训练 1、2、4、5、7、8（不必做手臂和肩部基础训练）
第4~6周，背部专项训练 背部专项训练方案A~E	+	腿部、手臂和肩部基础训练 11、12、14、15、17、18（不必做胸部和背部基础训练）
第7~9周，胸部专项训练 胸部专项训练方案A~E	+	腿部、手臂和肩部基础训练 20、21、23、24、26、27（不必做胸部和背部基础训练）
第10~12周，肩部专项训练 肩部专项训练方案A~E	+	胸部和背部、腿部基础训练 28、29、31、32、34、35（不必做手臂和肩部基础训练）

参照表格

利用第150~151页的表格来创建你自己的日常训练方案。该表格列出了从第1周到第12周所有不同的专项训练与基础训练的组合方案，每一行代表一次训练，每一列代表一个专项训练部位。任何时候你都只需要完成表格里的某一列内容，比如你专项训练的部位是手臂，那么你只需要按“手臂”一列的训练方案进行3周训练。如果你把这个计划表格看成是共有4期、每期3周的训练方案，那么你需要做的就是连续3周按照某一列进行训练，然后在接下来的**3周内改变专项训练的部位/表格列**。在第二个3周结束之后，你可以再次针对第一个3周的专项训练部位进行训练。

在接下来，我们也在注释表格里概括说明了以上例子中所采取的手臂、背部、胸部和肩部的专项训练策略。

第1~3周 手臂专项训练

选择一个专项训练部位，然后在3周时间内根据表格的这一列内容进行训练，按照说明交替进行专项训练和基础训练。在这个范例中，你要把手臂专项训练与胸部和背部及腿部基础训练结合起来。

字母对应的是你需要进行的专项训练。对手臂专项训练来说，你需要做的是专项训练方案A~F。

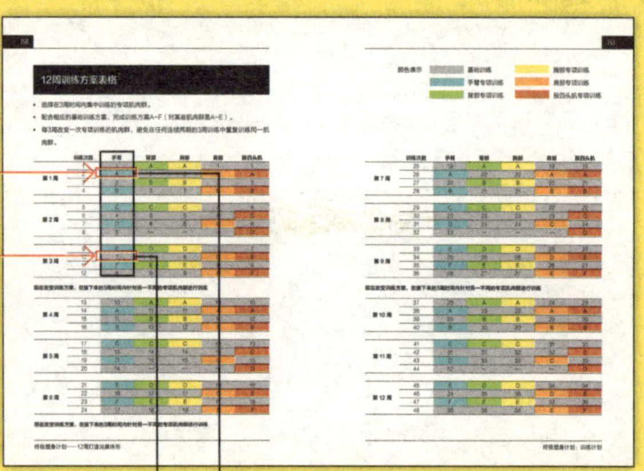

数字对应的是你需要进行的基础训练。对手臂专项训练来说，你需要做的是基础训练方案1、2、4、5、7、8。

使用页码来检索某个特定练习的详细分步骤指导。

每次训练包括一系列需要按顺序完成的练习项目，表格中详细说明了每个练习的组数、每组次数、速度和每组练习结束后的组间休息时间。

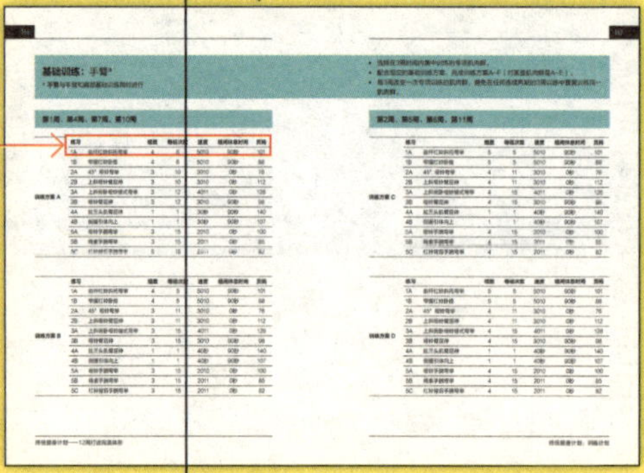

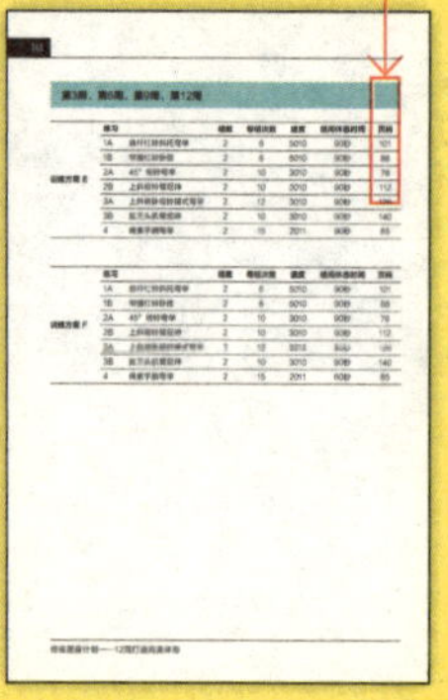

编号为1A和1B，或2A和2B的动作构成一个超级组，需要交替进行：先做完A练习中第1组的全部次数，按计划中写明的时间休息，然后做完B练习第1组的全部次数。如果计划中写明了休息时间，就再休息。然后再回去做A动作，如此重复直到所有组数完成，再进行下一项练习

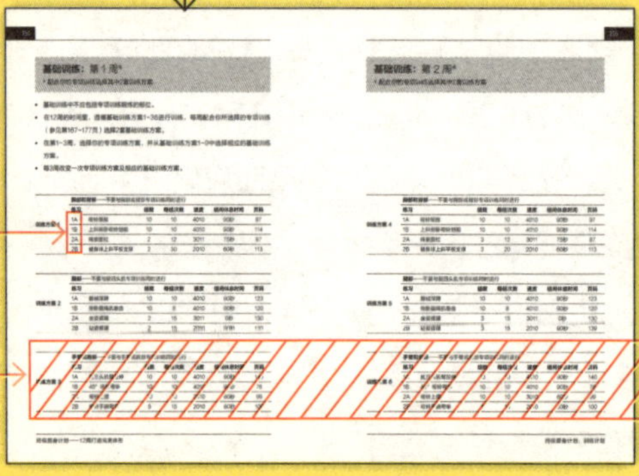

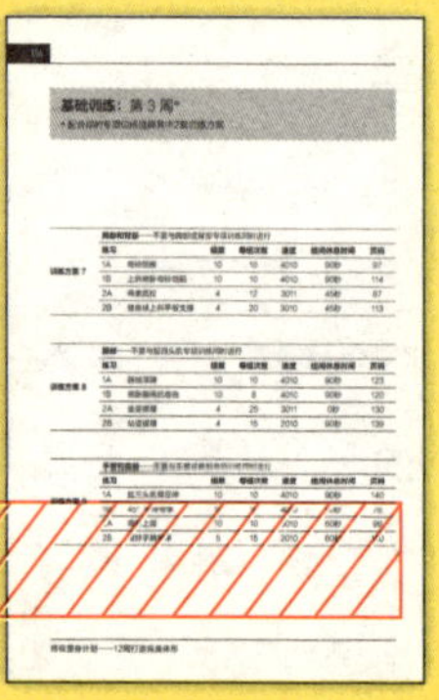

不必做手臂和肩部的基础训练。

第4~6周
背部专项训练

选择一个专项训练部位，然后在3周时间内根据表格的这一列内容进行训练，按照说明交替进行专项训练和基础训练。在这个范例中，你要把背部专项训练与腿部及手臂和肩部基础训练结合起来。

字母对应的是你需要进行的专项训练。对背部专项训练来说，你需要做的是专项训练方案A~E。

数字对应的是你需要进行的基础训练。对背部专项训练来说，你需要做的是基础训练方案11、12、14、15、17、18。

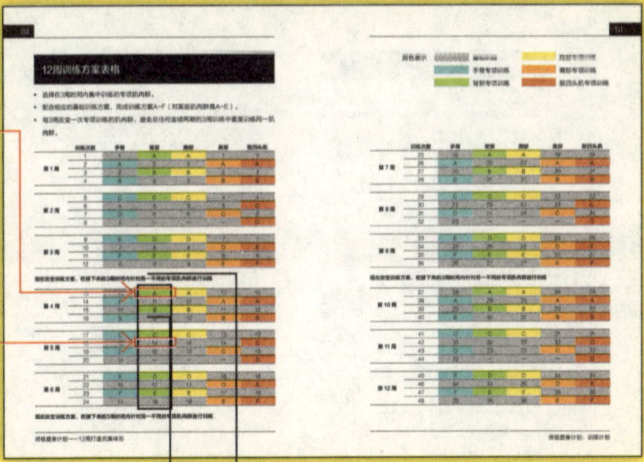

每次训练包括一系列需要按顺序完成的练习项目，表格中详细说明了每个练习的组数、每组次数、速度和每组练习结束后的组间休息时间。

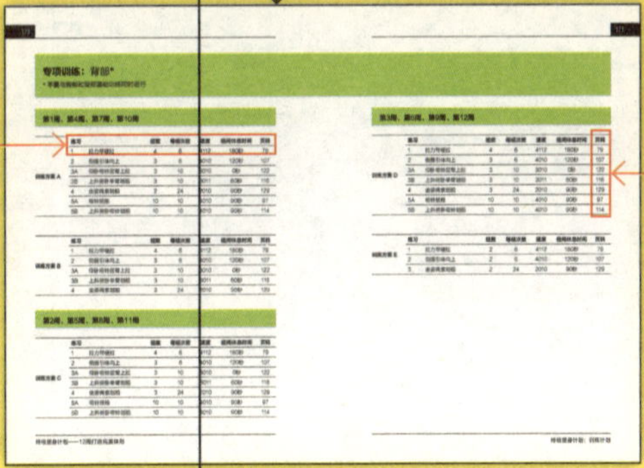

使用页码来检索某个特定练习的详细分步骤指导。

不必做胸部和背部的基础训练。

编号为1A和1B，或2A和2B的动作构成一个超级组，需要交替进行：先做完A练习中第1组的全部次数，按计划中写明的时间休息，然后做完B练习第1组的全部次数。如果计划中写明了休息时间，就再休息。然后再回去做A动作，如此重复直到所有组数完成，再进行下一项练习。

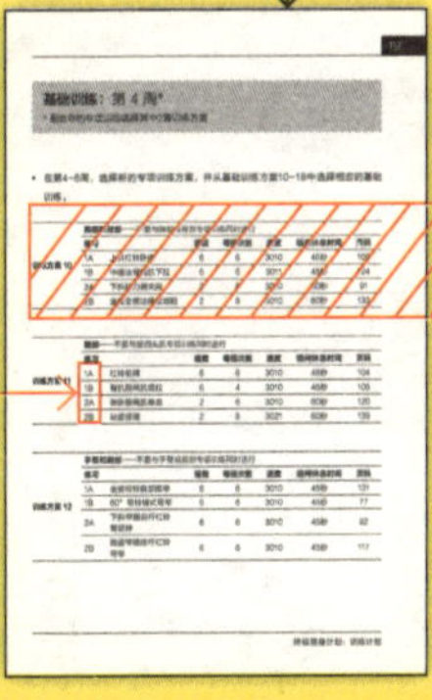

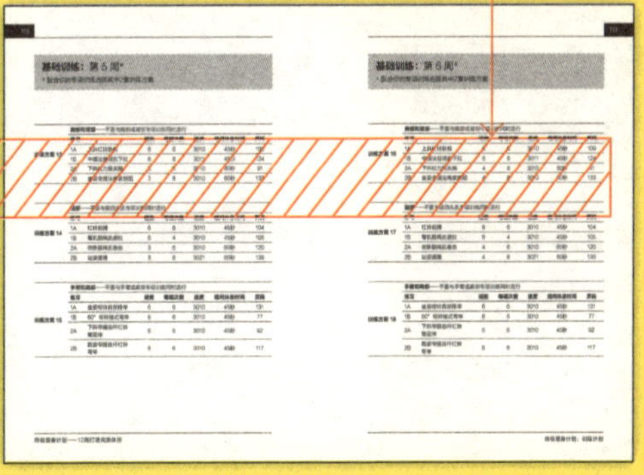

第7~9周 胸部专项训练

选择一个专项训练部位，然后在3周时间内根据表格的这一列内容进行训练，按照说明交替进行专项训练和基础训练。在这个范例中，你要把胸部专项训练与腿部及手臂和肩部基础训练结合起来。

字母对应的是你需要进行的专项训练。对胸部专项训练来说，你需要做的是专项训练方案A~E。

数字对应的是你需要进行的基础训练。对胸部专项训练来说，你需要做的是基础训练方案20、21、23、24、26、27。

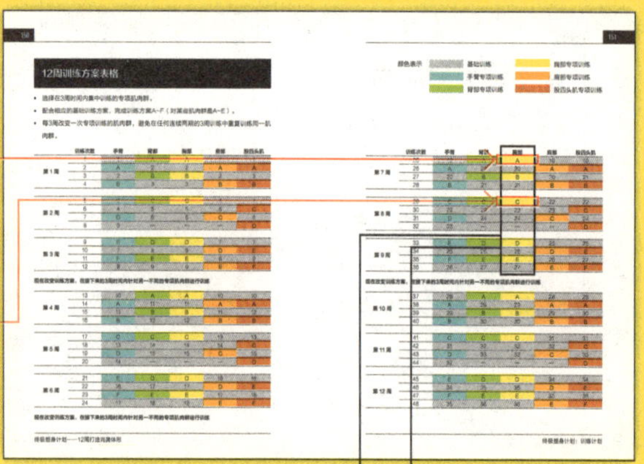

每次训练包括一系列需要按顺序完成的练习项目，表格中详细说明了每个练习的组数、每组次数、速度和每组练习结束后的组间休息时间。

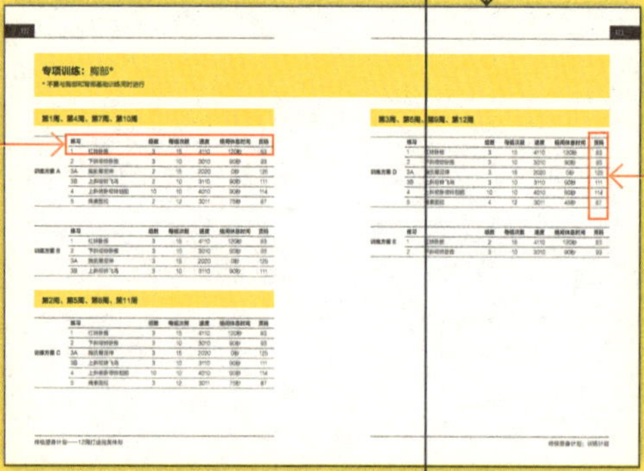

使用页码来检索某个特定练习的详细分步骤指导。

不必做胸部和背部的基础训练。

编号为1A和1B，或2A和2B的动作构成一个超级组，需要交替进行：先做完A练习中第1组的全部次数，按计划中写明的时间休息，然后做完B练习第1组的全部次数。如果计划中写明了休息时间，就再休息。然后再回去做A动作，如此重复直到所有组数完成，再进行下一项练习。

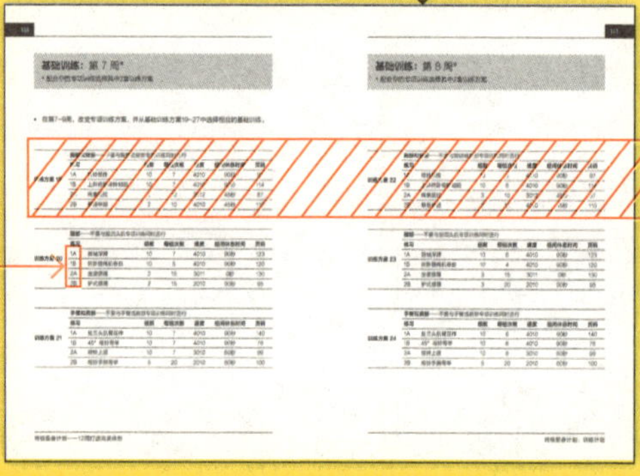

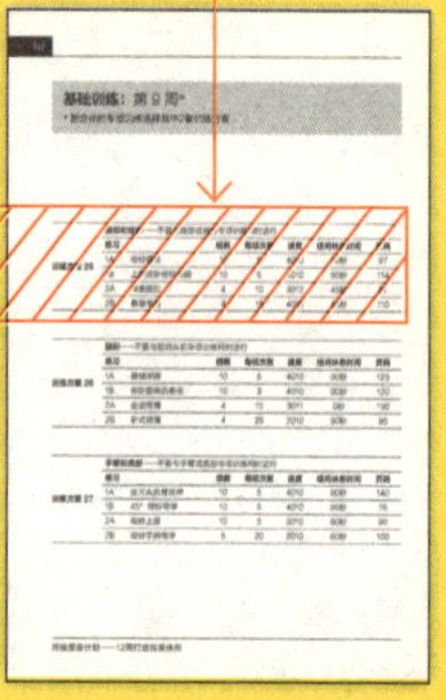

第10~12周 肩部专项训练

选择一个专项训练部位，然后在3周时间内根据表格的这一列内容进行训练，按照说明交替进行专项训练和基础训练。在这个范例中，你要把肩部专项训练与胸部和背部及腿部基础训练结合起来。

字母对应的是你需要进行的专项训练。对肩部专项训练来说，你需要做的是专项训练方案A~E。

数字对应的是你需要进行的基础训练。对肩部专项训练来说，你需要做的是基础训练方案28、29、31、32、34、35。

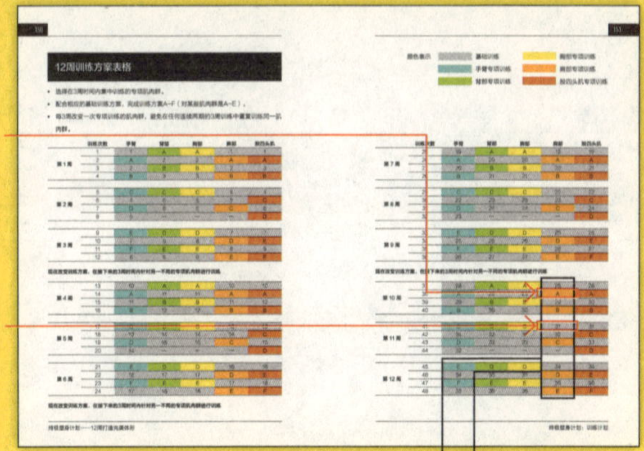

每次训练包括一系列需要按顺序完成的练习项目，表格中详细说明了每个练习的组数、每组次数、速度和每组练习结束后的组间休息时间。

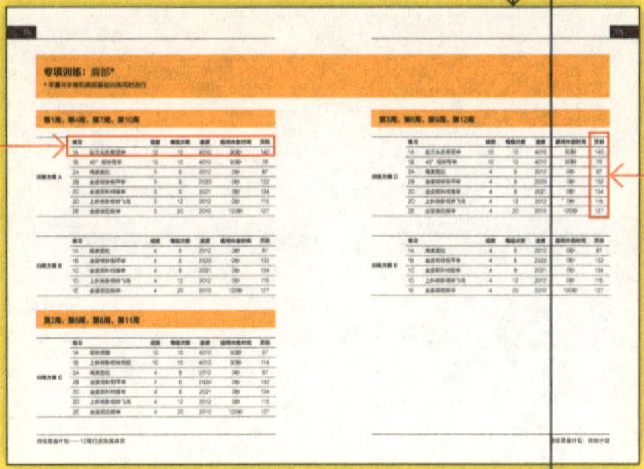

使用页码来检索某个特定练习的详细分步骤指导。

编号为1A和1B，或2A和2B的动作构成一个超级组，需要交替进行：先做完A练习中第1组的全部次数，按计划中写明的时间休息，然后做完B练习第1组的全部次数。如果计划中写明了休息时间，就再休息。然后再回去做A动作，如此重复直到所有组数完成，再进行下一项练习。

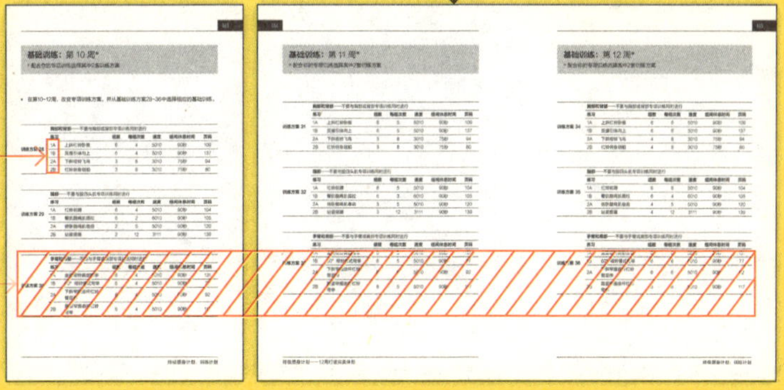

不必做手臂和肩部的基础训练。

12周训练方案表格

- 选择在3周时间内集中训练的专项肌肉群。
- 配合相应的基础训练方案，完成训练方案A~F（对某些肌肉群是A~E）。
- 每3周改变一次专项训练的肌肉群，避免在任何连续两期的3周训练中重复训练同一肌肉群。

	训练次数	手臂	背部	胸部	肩部	股四头肌
第1周	1	1	A	A	1	1
	2	A	2	2	A	A
	3	2	B	B	2	3
	4	B	3	3	B	B
第2周	5	C	C	C	4	4
	6	4	5	5	5	C
	7	D	6	6	C	6
	8	5	—	—	—	D
第3周	9	E	D	D	7	7
	10	7	8	8	D	E
	11	F	E	E	8	9
	12	8	9	9	E	F

现在改变训练方案，在接下来的3周时间内针对另一不同的专项肌肉群进行训练

	训练次数	手臂	背部	胸部	肩部	股四头肌
第4周	13	10	A	A	10	10
	14	A	11	11	A	A
	15	11	B	B	11	12
	16	B	12	12	B	B
第5周	17	C	C	C	13	13
	18	13	14	14	14	C
	19	D	15	15	C	15
	20	14	—	—	—	D
第6周	21	E	D	D	16	16
	22	16	17	17	D	E
	23	F	E	E	17	18
	24	17	18	18	E	F

现在改变训练方案，在接下来的3周时间内针对另一不同的专项肌肉群进行训练

颜色表示

- 基础训练
- 胸部专项训练
- 手臂专项训练
- 肩部专项训练
- 背部专项训练
- 股四头肌专项训练

	训练次数	手臂	背部	胸部	肩部	股四头肌
第 7 周	25	19	A	A	19	19
	26	A	20	20	A	A
	27	20	B	B	20	21
	28	B	21	21	B	B
第 8 周	29	C	C	C	22	22
	30	22	23	23	23	C
	31	D	24	24	C	24
	32	23	—	—	—	D
第 9 周	33	E	D	D	25	25
	34	25	26	26	D	E
	35	F	E	E	26	27
	36	26	27	27	E	F

现在改变训练方案，在接下来的3周时间内针对另一不同的专项肌肉群进行训练

	训练次数	手臂	背部	胸部	肩部	股四头肌
第 10 周	37	28	A	A	28	28
	38	A	29	29	A	A
	39	29	B	B	29	30
	40	B	30	30	B	B
第 11 周	41	C	C	C	31	31
	42	31	32	32	32	C
	43	D	33	33	C	33
	44	32	—	—	—	D
第 12 周	45	E	D	D	34	34
	46	34	35	35	D	E
	47	F	E	E	35	36
	48	35	36	36	E	F

训练方案

所有练习的分步骤详细指导参见上一节“基础和专项训练”。

基础训练：第 1 周*

* 配合你的专项训练选择其中2套训练方案

- 基础训练中不应包括专项训练锻炼的部位。
- 在12周的时间里，遵循基础训练方案1~36进行训练，每周配合你所选择的专项训练（参见第167~177页）选择2套基础训练方案。
- 在第1~3周，选择你的专项训练方案，并从基础训练方案1~9中选择相应的基础训练方案。
- 每3周改变一次专项训练方案及相应的基础训练方案。

	胸部和背部——不要与胸部或背部专项训练同时进行						
	练习		组数	每组次数	速度	组间休息时间	页码
训练方案 1	1A	哑铃颈推	10	10	4010	90秒	97
	1B	上斜俯卧哑铃划船	10	10	4010	90秒	114
	2A	绳索面拉	2	12	3011	75秒	87
	2B	健身球上斜平板支撑	2	30	2010	60秒	113

	腿部——不要与股四头肌专项训练同时进行						
	练习		组数	每组次数	速度	组间休息时间	页码
训练方案 2	1A	器械深蹲	10	10	4010	90秒	123
	1B	俯卧腘绳肌卷曲	10	8	4010	90秒	120
	2A	坐姿提踵	2	15	3011	0秒	130
	2B	站姿提踵	2	15	2010	90秒	139

	手臂和肩部——不要与手臂或肩部专项训练同时进行						
	练习		组数	每组次数	速度	组间休息时间	页码
训练方案 3	1A	肱三头肌臂屈伸	10	10	4010	90秒	140
	1B	45° 哑铃弯举	10	10	4010	90秒	76
	2A	哑铃上提	10	10	3010	60秒	99
	2B	哑铃手腕弯举	5	15	2010	60秒	100

基础训练：第 2 周*

* 配合你的专项训练选择其中2套训练方案

训练方案 4

胸部和背部——不要与胸部或背部专项训练同时进行						
练习		组数	每组次数	速度	组间休息时间	页码
1A	哑铃颈推	10	10	4010	90秒	97
1B	上斜俯卧哑铃划船	10	10	4010	90秒	114
2A	绳索面拉	3	12	3011	75秒	87
2B	健身球上斜平板支撑	3	20	2010	60秒	113

训练方案 5

腿部——不要与股四头肌专项训练同时进行						
练习		组数	每组次数	速度	组间休息时间	页码
1A	器械深蹲	10	10	4010	90秒	123
1B	俯卧腘绳肌卷曲	10	8	4010	90秒	120
2A	坐姿提踵	3	15	3011	0秒	130
2B	站姿提踵	3	15	2010	90秒	139

训练方案 6

手臂和肩部——不要与手臂或肩部专项训练同时进行						
练习		组数	每组次数	速度	组间休息时间	页码
1A	肱三头肌臂屈伸	10	10	4010	90秒	140
1B	45° 哑铃弯举	10	10	4010	90秒	76
2A	哑铃上提	10	10	3010	60秒	99
2B	哑铃手腕弯举	5	15	2010	60秒	100

基础训练：第 3 周*

* 配合你的专项训练选择其中2套训练方案

	胸部和背部——不要与胸部或背部专项训练同时进行						
	练习		组数	每组次数	速度	组间休息时间	页码
训练方案 7	1A	哑铃颈推	10	10	4010	90秒	97
	1B	上斜俯卧哑铃划船	10	10	4010	90秒	114
	2A	绳索面拉	4	12	3011	45秒	87
	2B	健身球上斜平板支撑	4	20	3010	45秒	113

	腿部——不要与股四头肌专项训练同时进行						
	练习		组数	每组次数	速度	组间休息时间	页码
训练方案 8	1A	器械深蹲	10	10	4010	90秒	123
	1B	俯卧腘绳肌卷曲	10	8	4010	90秒	120
	2A	坐姿提踵	4	25	3011	0秒	130
	2B	站姿提踵	4	15	2010	90秒	139

	手臂和肩部——不要与手臂或肩部专项训练同时进行						
	练习		组数	每组次数	速度	组间休息时间	页码
训练方案 9	1A	肱三头肌臂屈伸	10	10	4010	90秒	140
	1B	45° 哑铃弯举	10	10	4010	90秒	76
	2A	哑铃上提	10	10	3010	60秒	99
	2B	哑铃手腕弯举	5	15	2010	60秒	100

基础训练：第 4 周*

* 配合你的专项训练选择其中2套训练方案

- 在第4~6周，选择新的专项训练方案，并从基础训练方案10~18中选择相应的基础训练。

	胸部和背部——不要与胸部或背部专项训练同时进行						
	练习		组数	每组次数	速度	组间休息时间	页码
训练方案 10	1A	上斜杠铃卧推	6	6	3010	45秒	109
	1B	中握法背阔肌下拉	6	6	3011	45秒	124
	2A	下斜拉力器夹胸	2	8	3010	60秒	91
	2B	坐姿全握法绳索划船	2	8	3010	60秒	133

	腿部——不要与股四头肌专项训练同时进行						
	练习		组数	每组次数	速度	组间休息时间	页码
训练方案 11	1A	杠铃前蹲	6	6	3010	45秒	104
	1B	臀肌腘绳肌提拉	6	4	3010	45秒	105
	2A	俯卧腘绳肌卷曲	2	6	3010	60秒	120
	2B	站姿提踵	2	8	3021	60秒	139

	手臂和肩部——不要与手臂或肩部专项训练同时进行						
	练习		组数	每组次数	速度	组间休息时间	页码
训练方案 12	1A	坐姿哑铃肩部推举	6	6	3010	45秒	131
	1B	60° 哑铃锤式弯举	6	6	3010	45秒	77
	2A	下斜窄握曲杆杠铃臂屈伸	6	6	3010	45秒	92
	2B	跪姿窄握曲杆杠铃弯举	6	6	3010	45秒	117

基础训练：第 5 周*

* 配合你的专项训练选择其中2套训练方案

	胸部和背部——不要与胸部或背部专项训练同时进行						
	练习		组数	每组次数	速度	组间休息时间	页码
训练方案 13	1A	上斜杠铃卧推	6	6	3010	45秒	109
	1B	中握法背阔肌下拉	6	6	3011	45秒	124
	2A	下斜拉力器夹胸	3	8	3010	60秒	91
	2B	坐姿全握法绳索划船	3	8	3010	60秒	133

	腿部——不要与股四头肌专项训练同时进行						
	练习		组数	每组次数	速度	组间休息时间	页码
训练方案 14	1A	杠铃前蹲	6	6	3010	45秒	104
	1B	臀肌腘绳肌提拉	6	4	3010	45秒	105
	2A	俯卧腘绳肌卷曲	3	6	3010	60秒	120
	2B	站姿提踵	3	8	3021	60秒	139

	手臂和肩部——不要与手臂或肩部专项训练同时进行						
	练习		组数	每组次数	速度	组间休息时间	页码
训练方案 15	1A	坐姿哑铃肩部推举	6	6	3010	45秒	131
	1B	60° 哑铃锤式弯举	6	6	3010	45秒	77
	2A	下斜窄握曲杆杠铃臂屈伸	6	6	3010	45秒	92
	2B	跪姿窄握曲杆杠铃弯举	6	6	3010	45秒	117

基础训练：第 6 周*

* 配合你的专项训练选择其中2套训练方案

训练方案 16

胸部和背部——不要与胸部或背部专项训练同时进行

练习		组数	每组次数	速度	组间休息时间	页码
1A	上斜杠铃卧推	6	6	3010	45秒	109
1B	中握法背阔肌下拉	6	6	3011	45秒	124
2A	下斜拉力器夹胸	4	8	3010	60秒	91
2B	坐姿全握法绳索划船	4	8	3010	60秒	133

训练方案 17

腿部——不要与股四头肌专项训练同时进行

练习		组数	每组次数	速度	组间休息时间	页码
1A	杠铃前蹲	6	6	3010	45秒	104
1B	臀肌腘绳肌提拉	6	4	3010	45秒	105
2A	俯卧腘绳肌卷曲	4	6	3010	60秒	120
2B	站姿提踵	4	8	3021	60秒	139

训练方案 18

手臂和肩部——不要与手臂或肩部专项训练同时进行

练习		组数	每组次数	速度	组间休息时间	页码
1A	坐姿哑铃肩部推举	6	6	3010	45秒	131
1B	60° 哑铃锤式弯举	6	6	3010	45秒	77
2A	下斜窄握曲杆杠铃臂屈伸	6	6	3010	45秒	92
2B	跪姿窄握曲杆杠铃弯举	6	6	3010	45秒	117

基础训练：第 7 周*

* 配合你的专项训练选择其中2套训练方案

- 在第7~9周，改变专项训练方案，并从基础训练方案19~27中选择相应的基础训练。

	胸部和背部——不要与胸部或背部专项训练同时进行						
	练习		组数	每组次数	速度	组间休息时间	页码
训练方案 19	1A	哑铃颈推	10	7	4010	90秒	97
	1B	上斜俯卧哑铃划船	10	7	4010	90秒	114
	2A	绳索面拉	2	10	3012	45秒	87
	2B	悬垂举腿	2	10	4010	45秒	110

	腿部——不要与股四头肌专项训练同时进行						
	练习		组数	每组次数	速度	组间休息时间	页码
训练方案 20	1A	器械深蹲	10	7	4010	90秒	123
	1B	俯卧腘绳肌卷曲	10	5	4010	90秒	120
	2A	坐姿提踵	2	15	3011	0秒	130
	2B	驴式提踵	2	15	2010	90秒	95

	手臂和肩部——不要与手臂或肩部专项训练同时进行						
	练习		组数	每组次数	速度	组间休息时间	页码
训练方案 21	1A	肱三头肌臂屈伸	10	7	4010	90秒	140
	1B	45° 哑铃弯举	10	7	4010	90秒	76
	2A	哑铃上提	10	7	3010	60秒	99
	2B	哑铃手腕弯举	5	20	2010	60秒	100

基础训练：第 8 周*

* 配合你的专项训练选择其中2套训练方案

	胸部和背部——不要与胸部或背部专项训练同时进行						
	练习		组数	每组次数	速度	组间休息时间	页码
训练方案 22	1A	哑铃颈推	10	6	4010	90秒	97
	1B	上斜俯卧哑铃划船	10	6	4010	90秒	114
	2A	绳索面拉	3	10	3012	45秒	87
	2B	悬垂举腿	3	12	4010	45秒	110

	腿部——不要与股四头肌专项训练同时进行						
	练习		组数	每组次数	速度	组间休息时间	页码
训练方案 23	1A	器械深蹲	10	6	4010	90秒	123
	1B	俯卧腘绳肌卷曲	10	4	4010	90秒	120
	2A	坐姿提踵	3	15	3011	0秒	130
	2B	驴式提踵	3	20	2010	90秒	95

	手臂和肩部——不要与手臂或肩部专项训练同时进行						
	练习		组数	每组次数	速度	组间休息时间	页码
训练方案 24	1A	肱三头肌臂屈伸	10	6	4010	90秒	140
	1B	45° 哑铃弯举	10	6	4010	90秒	76
	2A	哑铃上提	10	6	3010	60秒	99
	2B	哑铃手腕弯举	5	20	2010	60秒	100

基础训练：第 9 周*

* 配合你的专项训练选择其中2套训练方案

训练方案 25

	胸部和背部——不要与胸部或背部专项训练同时进行						
	练习		组数	每组次数	速度	组间休息时间	页码
训练方案 25	1A	哑铃颈推	10	5	4010	90秒	97
	1B	上斜俯卧哑铃划船	10	5	4010	90秒	114
	2A	绳索面拉	4	10	3012	45秒	87
	2B	悬垂举腿	4	15	4010	45秒	110

	腿部——不要与股四头肌专项训练同时进行						
	练习		组数	每组次数	速度	组间休息时间	页码
训练方案 26	1A	器械深蹲	10	5	4010	90秒	123
	1B	俯卧腘绳肌卷曲	10	3	4010	90秒	120
	2A	坐姿提踵	4	15	3011	0秒	130
	2B	驴式提踵	4	25	2010	90秒	95

	手臂和肩部——不要与手臂或肩部专项训练同时进行						
	练习		组数	每组次数	速度	组间休息时间	页码
训练方案 27	1A	肱三头肌臂屈伸	10	5	4010	90秒	140
	1B	45° 哑铃弯举	10	5	4010	90秒	76
	2A	哑铃上提	10	5	3010	60秒	99
	2B	哑铃手腕弯举	5	20	2010	60秒	100

基础训练：第 10 周*

* 配合你的专项训练选择其中2套训练方案

- 在第10~12周，改变专项训练方案，并从基础训练方案28~36中选择相应的基础训练。

	胸部和背部——不要与胸部或背部专项训练同时进行						
	练习		组数	每组次数	速度	组间休息时间	页码
训练方案 28	1A	上斜杠铃卧推	6	4	5010	90秒	109
	1B	反握引体向上	6	4	5010	90秒	137
	2A	下斜哑铃飞鸟	3	8	3010	75秒	94
	2B	杠铃俯身划船	3	8	3010	75秒	80

	腿部——不要与股四头肌专项训练同时进行						
	练习		组数	每组次数	速度	组间休息时间	页码
训练方案 29	1A	杠铃前蹲	6	4	5010	90秒	104
	1B	臀肌腘绳肌提拉	6	2	6010	90秒	105
	2A	俯卧腘绳肌卷曲	2	5	5010	90秒	120
	2B	站姿提踵	2	12	3111	90秒	139

	手臂和肩部——不要与手臂或肩部专项训练同时进行						
	练习		组数	每组次数	速度	组间休息时间	页码
训练方案 30	1A	坐姿哑铃肩部推举	6	4	5010	90秒	131
	1B	60° 哑铃锤式弯举	6	4	5010	90秒	77
	2A	下斜窄握曲杆杠铃臂屈伸	6	4	5010	90秒	92
	2B	跪姿窄握曲杆杠铃弯举	6	4	5010	90秒	117

基础训练：第 11 周*

* 配合你的专项训练选择其中2套训练方案

训练方案 31

胸部和背部——不要与胸部或背部专项训练同时进行

练习		组数	每组次数	速度	组间休息时间	页码
1A	上斜杠铃卧推	6	5	5010	90秒	109
1B	反握引体向上	6	5	5010	90秒	137
2A	下斜哑铃飞鸟	3	8	3010	75秒	94
2B	杠铃俯身划船	3	8	3010	75秒	80

训练方案 32

腿部——不要与股四头肌专项训练同时进行

练习		组数	每组次数	速度	组间休息时间	页码
1A	杠铃前蹲	6	5	5010	90秒	104
1B	臀肌腘绳肌提拉	6	3	6010	90秒	105
2A	俯卧腘绳肌卷曲	3	5	5010	90秒	120
2B	站姿提踵	3	12	3111	90秒	139

训练方案 33

手臂和肩部——不要与手臂或肩部专项训练同时进行

练习		组数	每组次数	速度	组间休息时间	页码
1A	坐姿哑铃肩部推举	6	5	5010	90秒	131
1B	60° 哑铃锤式弯举	6	5	5010	90秒	77
2A	下斜窄握曲杆杠铃臂屈伸	6	5	5010	90秒	92
2B	跪姿窄握曲杆杠铃弯举	6	5	5010	90秒	117

基础训练：第 12 周*

* 配合你的专项训练选择其中2套训练方案

训练方案 34

胸部和背部——不要与胸部或背部专项训练同时进行						
练习		组数	每组次数	速度	组间休息时间	页码
1A	上斜杠铃卧推	6	6	5010	90秒	109
1B	反握引体向上	6	6	5010	90秒	137
2A	下斜哑铃飞鸟	4	8	3010	75秒	94
2B	杠铃俯身划船	4	8	3010	75秒	80

训练方案 35

腿部——不要与股四头肌专项训练同时进行						
练习		组数	每组次数	速度	组间休息时间	页码
1A	杠铃前蹲	6	6	5010	90秒	104
1B	臀肌腘绳肌提拉	6	4	6010	90秒	105
2A	俯卧腘绳肌卷曲	4	5	5010	90秒	120
2B	站姿提踵	4	12	3111	90秒	139

训练方案 36

手臂和肩部——不要与手臂或肩部专项训练同时进行						
练习		组数	每组次数	速度	组间休息时间	页码
1A	坐姿哑铃肩部推举	6	6	5010	90秒	131
1B	60° 哑铃锤式弯举	6	6	5010	90秒	77
2A	下斜窄握曲杆杠铃臂屈伸	6	6	5010	90秒	92
2B	跪姿窄握曲杆杠铃弯举	6	6	5010	90秒	117

专项训练：手臂*

* 不要与手臂和肩部基础训练同时进行

第1周、第4周、第7周、第10周

训练方案 A

练习		组数	每组次数	速度	组间休息时间	页码
1A	曲杆杠铃斜托弯举	4	6	5010	90秒	101
1B	窄握杠铃卧推	4	6	5010	90秒	88
2A	45° 哑铃弯举	3	10	3010	0秒	76
2B	上斜哑铃臂屈伸	3	10	3010	0秒	112
3A	上斜俯卧哑铃锤式弯举	3	12	4011	0秒	126
3B	哑铃臂屈伸	3	12	3010	90秒	98
4A	肱三头肌臂屈伸	1	1	30秒	90秒	140
4B	侧握引体向上	1	1	30秒	90秒	107
5A	哑铃手腕弯举	3	15	2010	0秒	100
5B	绳索手腕弯举	3	15	2011	0秒	85
5C	杠铃背后手腕弯举	3	15	2011	0秒	82

训练方案 B

练习		组数	每组次数	速度	组间休息时间	页码
1A	曲杆杠铃斜托弯举	4	5	5010	90秒	101
1B	窄握杠铃卧推	4	5	5010	90秒	88
2A	45° 哑铃弯举	3	11	3010	0秒	76
2B	上斜哑铃臂屈伸	3	11	3010	0秒	112
3A	上斜俯卧哑铃锤式弯举	3	15	4011	0秒	126
3B	哑铃臂屈伸	3	15	3010	90秒	98
4A	肱三头肌臂屈伸	1	1	40秒	90秒	140
4B	侧握引体向上	1	1	40秒	90秒	107
5A	哑铃手腕弯举	3	15	2010	0秒	100
5B	绳索手腕弯举	3	15	2011	0秒	85
5C	杠铃背后手腕弯举	3	15	2011	0秒	82

- 选择在3周时间内集中训练的专项肌肉群。
- 配合相应的基础训练方案，完成训练方案A~F（对某些肌肉群是A~E）。
- 每3周改变一次专项训练的肌肉群，避免在任何连续两期的3周训练中重复训练同一肌肉群。

第2周、第5周、第8周、第11周

	练习		组数	每组次数	速度	组间休息时间	页码
训练方案 C	1A	曲杆杠铃斜托弯举	5	5	5010	90秒	101
	1B	窄握杠铃卧推	5	5	5010	90秒	88
	2A	45° 哑铃弯举	4	11	3010	0秒	76
	2B	上斜哑铃臂屈伸	4	11	3010	0秒	112
	3A	上斜俯卧哑铃锤式弯举	4	15	4011	0秒	126
	3B	哑铃臂屈伸	4	15	3010	90秒	98
	4A	肱三头肌臂屈伸	1	1	40秒	90秒	140
	4B	侧握引体向上	1	1	40秒	90秒	107
	5A	哑铃手腕弯举	4	15	2010	0秒	100
	5B	绳索手腕弯举	4	15	2011	0秒	85
	5C	杠铃背后手腕弯举	4	15	2011	0秒	82

	练习		组数	每组次数	速度	组间休息时间	页码
训练方案 D	1A	曲杆杠铃斜托弯举	5	5	5010	90秒	101
	1B	窄握杠铃卧推	5	5	5010	90秒	88
	2A	45° 哑铃弯举	4	11	3010	0秒	76
	2B	上斜哑铃臂屈伸	4	11	3010	0秒	112
	3A	上斜俯卧哑铃锤式弯举	4	15	4011	0秒	126
	3B	哑铃臂屈伸	4	15	3010	90秒	98
	4A	肱三头肌臂屈伸	1	1	40秒	90秒	140
	4B	侧握引体向上	1	1	40秒	90秒	107
	5A	哑铃手腕弯举	4	15	2010	0秒	100
	5B	绳索手腕弯举	4	15	2011	0秒	85
	5C	杠铃背后手腕弯举	4	15	2011	0秒	82

第3周、第6周、第9周、第12周

	练习		组数	每组次数	速度	组间休息时间	页码
训练方案 E	1A	曲杆杠铃斜托弯举	2	6	5010	90秒	101
	1B	窄握杠铃卧推	2	6	5010	90秒	88
	2A	45° 哑铃弯举	2	10	3010	90秒	76
	2B	上斜哑铃臂屈伸	2	10	3010	90秒	112
	3A	上斜俯卧哑铃锤式弯举	2	12	3010	90秒	126
	3B	肱三头肌臂屈伸	2	10	3010	90秒	140
	4	绳索手腕弯举	2	15	2011	90秒	85

	练习		组数	每组次数	速度	组间休息时间	页码
训练方案 F	1A	曲杆杠铃斜托弯举	2	6	5010	90秒	101
	1B	窄握杠铃卧推	2	6	5010	90秒	88
	2A	45° 哑铃弯举	2	10	3010	90秒	76
	2B	上斜哑铃臂屈伸	2	10	3010	90秒	112
	3A	上斜俯卧哑铃锤式弯举	2	12	3010	90秒	126
	3B	肱三头肌臂屈伸	2	10	3010	90秒	140
	4	绳索手腕弯举	2	15	2011	60秒	85

手臂专项训练3周替代方案

如果你发现在繁忙的体育馆里不可能完成主要的手臂专项训练方案的话，以下有一份替代训练方案，只需要一张可调节平凳和两组哑铃即可。这一方案可以重复6次，以代替训练方案A~F。以下有些动作是分步骤动作的变化形式，在遵循这一方案进行训练时，请务必记住这一点。

练习		组数	每组次数	速度	组间休息时间	页码
1A	60° 哑铃弯举	3	10	3010	0	76
1B	60° 哑铃锤式弯举	3	10	3010	0	77
1C	坐姿哑铃弯举	3	10	2010	0	75
1D	上斜俯卧哑铃锤式弯举	3	10	2011	0	126
1E	上斜哑铃臂屈伸	3	10	3010	0	112
1F	（平卧）哑铃臂屈伸	3	10	3010	0	112
1G	坐姿颈后哑铃臂屈伸（两个哑铃）	3	10	3110	0	112
1H	（平卧）哑铃卧推（手肘紧贴身体）	3	10	2010	180秒*	96

* 组间没有休息，但在做完1H练习后休息180秒。

专项训练：背部*

* 不要与胸部和背部基础训练同时进行

第1周、第4周、第7周、第10周

训练方案 A

练习		组数	每组次数	速度	组间休息时间	页码
1	拉力带硬拉	4	6	4112	180秒	79
2	侧握引体向上	3	6	4010	120秒	107
3A	仰卧哑铃屈臂上拉	3	10	3010	0秒	122
3B	上斜俯卧单臂划船	3	10	3011	60秒	116
4	坐姿绳索划船	2	24	2010	90秒	129
5A	哑铃颈推	10	10	4010	90秒	97
5B	上斜俯卧哑铃划船	10	10	4010	90秒	114

训练方案 B

练习		组数	每组次数	速度	组间休息时间	页码
1	拉力带硬拉	4	6	4112	180秒	79
2	侧握引体向上	3	6	4010	120秒	107
3A	仰卧哑铃屈臂上拉	3	10	3010	0秒	122
3B	上斜俯卧单臂划船	3	10	3011	60秒	116
4	坐姿绳索划船	3	24	2010	90秒	129

第2周、第5周、第8周、第11周

训练方案 C

练习		组数	每组次数	速度	组间休息时间	页码
1	拉力带硬拉	4	6	4112	180秒	79
2	侧握引体向上	3	6	4010	120秒	107
3A	仰卧哑铃屈臂上拉	3	10	3010	0秒	122
3B	上斜俯卧单臂划船	3	10	3011	60秒	116
4	坐姿绳索划船	3	24	2010	90秒	129
5A	哑铃颈推	10	10	4010	90秒	97
5B	上斜俯卧哑铃划船	10	10	4010	90秒	114

第3周、第6周、第9周、第12周

	练习		组数	每组次数	速度	组间休息时间	页码
训练方案 D	1	拉力带硬拉	4	6	4112	180秒	79
	2	侧握引体向上	3	6	4010	120秒	107
	3A	仰卧哑铃屈臂上拉	3	10	3010	0秒	122
	3B	上斜俯卧单臂划船	3	10	3011	60秒	116
	4	坐姿绳索划船	3	24	2010	90秒	129
	5A	哑铃颈推	10	10	4010	90秒	97
	5B	上斜俯卧哑铃划船	10	10	4010	90秒	114

	练习		组数	每组次数	速度	组间休息时间	页码
训练方案 E	1	拉力带硬拉	2	6	4112	180秒	79
	2	侧握引体向上	2	6	4010	120秒	107
	3	坐姿绳索划船	2	24	2010	90秒	129

专项训练：胸部*

* 不要与胸部和背部基础训练同时进行

第1周、第4周、第7周、第10周

	练习		组数	每组次数	速度	组间休息时间	页码
训练方案 A	1	杠铃卧推	3	15	4110	120秒	83
	2	下斜哑铃卧推	3	10	3010	90秒	93
	3A	胸肌臂屈伸	2	15	2020	0秒	125
	3B	上斜哑铃飞鸟	2	10	3110	90秒	111
	4	上斜俯卧哑铃划船	10	10	4010	90秒	114
	5	绳索面拉	2	12	3011	75秒	87

	练习		组数	每组次数	速度	组间休息时间	页码
训练方案 B	1	杠铃卧推	3	15	4110	120秒	83
	2	下斜哑铃卧推	3	10	3010	90秒	93
	3A	胸肌臂屈伸	3	15	2020	0秒	125
	3B	上斜哑铃飞鸟	3	10	3110	90秒	111

第2周、第5周、第8周、第11周

	练习		组数	每组次数	速度	组间休息时间	页码
训练方案 C	1	杠铃卧推	3	15	4110	120秒	83
	2	下斜哑铃卧推	3	10	3010	90秒	93
	3A	胸肌臂屈伸	3	15	2020	0秒	125
	3B	上斜哑铃飞鸟	3	10	3110	90秒	111
	4	上斜俯卧哑铃划船	10	10	4010	90秒	114
	5	绳索面拉	3	12	3011	75秒	87

第3周、第6周、第9周、第12周

	练习		组数	每组次数	速度	组间休息时间	页码
训练方案 D	1	杠铃卧推	3	15	4110	120秒	83
	2	下斜哑铃卧推	3	10	3010	90秒	93
	3A	胸肌臂屈伸	3	15	2020	0秒	125
	3B	上斜哑铃飞鸟	3	10	3110	90秒	111
	4	上斜俯卧哑铃划船	10	10	4010	90秒	114
	5	绳索面拉	4	12	3011	45秒	87

	练习		组数	每组次数	速度	组间休息时间	页码
训练方案 E	1	杠铃卧推	2	15	4110	120秒	83
	2	下斜哑铃卧推	3	10	3010	90秒	93

专项训练：肩部*

* 不要与手臂和肩部基础训练同时进行

第1周、第4周、第7周、第10周

	练习		组数	每组次数	速度	组间休息时间	页码
训练方案 A	1A	肱三头肌臂屈伸	10	10	4010	90秒	140
	1B	45° 哑铃弯举	10	10	4010	90秒	76
	2A	绳索面拉	3	8	2012	0秒	87
	2B	坐姿哑铃侧平举	3	8	2020	0秒	132
	2C	坐姿斯科特推举	3	8	2021	0秒	134
	2D	上斜俯卧哑铃飞鸟	3	12	2012	0秒	115
	2E	坐姿颈后推举	3	20	2010	120秒	127

	练习		组数	每组次数	速度	组间休息时间	页码
训练方案 B	1A	绳索面拉	4	8	2012	0秒	87
	1B	坐姿哑铃侧平举	4	8	2020	0秒	132
	1C	坐姿斯科特推举	4	8	2021	0秒	134
	1D	上斜俯卧哑铃飞鸟	4	12	2012	0秒	115
	1E	坐姿颈后推举	4	20	2010	120秒	127

第2周、第5周、第8周、第11周

	练习		组数	每组次数	速度	组间休息时间	页码
训练方案 C	1A	哑铃颈推	10	10	4010	90秒	97
	1B	上斜俯卧哑铃划船	10	10	4010	90秒	114
	2A	绳索面拉	4	8	2012	0秒	87
	2B	坐姿哑铃侧平举	4	8	2020	0秒	132
	2C	坐姿斯科特推举	4	8	2021	0秒	134
	2D	上斜俯卧哑铃飞鸟	4	12	2012	0秒	115
	2E	坐姿颈后推举	4	20	2010	120秒	127

第3周、第6周、第9周、第12周

	练习		组数	每组次数	速度	组间休息时间	页码
训练方案 D	1A	肱三头肌臂屈伸	10	10	4010	90秒	140
	1B	45° 哑铃弯举	10	10	4010	90秒	76
	2A	绳索面拉	4	8	2012	0秒	87
	2B	坐姿哑铃侧平举	4	8	2020	0秒	132
	2C	坐姿斯科特推举	4	8	2021	0秒	134
	2D	上斜俯卧哑铃飞鸟	4	12	2012	0秒	115
	2E	坐姿颈后推举	4	20	2010	120秒	127

	练习		组数	每组次数	速度	组间休息时间	页码
训练方案 E	1A	绳索面拉	4	8	2012	0秒	87
	1B	坐姿哑铃侧平举	4	8	2020	0秒	132
	1C	坐姿斯科特推举	4	8	2021	0秒	134
	1D	上斜俯卧哑铃飞鸟	4	12	2012	0秒	115
	1E	坐姿颈后推举	4	20	2010	120秒	127

专项训练：股四头肌*

* 不要与腿部基础训练同时进行

第1周、第4周、第7周、第10周

	练习		组数	每组次数	速度	组间休息时间	页码
训练方案 A	1A	跳箱	4	4	×	90秒	84
	1B	俯卧腘绳肌卷曲	4	6	4011	90秒	120
	2A	杠铃前蹲	3	6	5010	30秒	104
	2B	杠铃后蹲	3	6	5010	120秒	78
	3	仰卧举腿	1	50*	1010	0秒	119
	4	哑铃弓步行走	1	75秒	2010	0秒	141

	练习		组数	每组次数	速度	组间休息时间	页码
训练方案 B	1A	跳箱	4	4	×	90秒	84
	1B	俯卧腘绳肌卷曲	4	6	4011	90秒	120
	2A	杠铃前蹲	4	6	5010	30秒	104
	2B	杠铃后蹲	4	6	5010	120秒	78
	3	仰卧举腿	2	25，50**	1010	0秒	119
	4	哑铃弓步行走	2	90秒	2010	120秒	141

第2周、第5周、第8周、第11周

	练习		组数	每组次数	速度	组间休息时间	页码
训练方案 C	1A	跳箱	4	4	×	90秒	84
	1B	俯卧腘绳肌卷曲	4	6	4011	90秒	120
	2A	杠铃前蹲	4	6	5010	30秒	104
	2B	杠铃后蹲	4	6	5010	120秒	78
	3	仰卧举腿	2	25，50**	1010	180秒	119
	4	哑铃弓步行走	3	90秒	2010	180秒	141

	练习		组数	每组次数	速度	组间休息时间	页码
训练方案 D	1A	跳箱	4	4	×	90秒	84
	1B	俯卧腘绳肌卷曲	4	6	4011	90秒	120
	2A	杠铃前蹲	4	6	5010	30秒	104
	2B	杠铃后蹲	4	6	5010	120秒	78
	3	仰卧举腿	2	25，50**	1010	180秒	119
	4	哑铃弓步行走	3	90秒	2010	180秒	141

第3周、第6周、第9周、第12周

	练习		组数	每组次数	速度	组间休息时间	页码
训练方案 E	1A	跳箱	4	4	×	90秒	84
	1B	俯卧腘绳肌卷曲	4	6	4011	90秒	120
	2A	杠铃前蹲	4	6	5010	30秒	104
	2B	杠铃后蹲	4	6	5010	120秒	78
	3	仰卧举腿	2	25，50**	1010	180秒	119
	4	哑铃弓步行走	3	90秒	2010	180秒	141

	练习		组数	每组次数	速度	组间休息时间	页码
训练方案 F	1A	跳箱	2	4	×	90秒	84
	1B	俯卧腘绳肌卷曲	2	6	4011	90秒	120
	2A	杠铃前蹲	2	6	5010	30秒	104
	2B	杠铃后蹲	2	6	5010	120秒	78
	3	仰卧举腿	1	50*	1010	0秒	119

* 1组50次

** 第1组25次，第2组50次

06

塑身营养指南

在健身领域中，没有比营养问题争议更多的了。

过多的信息蜂拥着飞向无辜的初学者，让人困惑不已，而这些信息大多都不可信。

速成书籍、网络上的专家和伪科学的目的似乎都是要薅你的羊毛，而不是帮你在了解知识的基础上做出明智的决定。

如果我只能教你一件让你记住的事的话，那就是在你的健康和健身方法里，饮食是最简单的方面。

要在训练中取得稳定和持续的进步始终是更加复杂的问题，更需要智慧，因为身体总是会与适应性的改变进行斗争。一旦你已经积极适应了一项训练的刺激，为了能继续进步，就必须顺理成章地、系统性地改变刺激方式。但这一原则在饮食方面并不适用，就你的目标而言，一旦你找到最适合自己的饮食方案，那么有99%的可能性你在余生里都可以坚持使用这一方案，它能让你的感受和外表都保持良好。

但饮食方面的问题在于，所谓的简单

和不复杂不等于“容易做到”。

尽管本书中的训练计划极富挑战性，但从某种意义上来说，它们比任何控制饮食的方案都容易坚持多了。这是因为每周4个小时的训练并不需要你持续不断地保持控制。而另一方面，控制饮食可以是场永无休止的战斗，你要面对外界的压力、紧张、厌倦，甚至包括看似无害的“便捷”。考虑饮食方案是容易的，但付诸实践就会变得困难起来。

我希望你能不断用上面这段话来提醒自己。主流营养指南里那些让人迷惑不解的废话常常会和我们对捷径的渴望与一厢情愿的自说自话融为一体（谁不想既能吃冰淇淋、培根和羊角面包，又能同时减肥和保持健康呢），这只会导致你的思维彻底混乱。

接下来我们会介绍各种饮食方法，它们都可以用在你自己的饮食方案中，你会学到一整套方法，它帮助了“现实世界”中的许多私人训练客户实现了天翻地覆的身体成分改变。但真正的“饮食秘密”不在于这些书本上的信息，而在于你对坚持执行计划的渴望程度。不要指望其他任何人能为你做这件事，因为不管我们想吃什么东西，最终都能为它找到理由。

“仅此一次……一次不会有问题的……周一我就开始……”要是你真想改变自己的体形，就把这些借口抛之脑后吧。记住，**你吃的东西都会成为你的一部分**。

饮食基本规则

在开始的一两周时间内，尽可能严格地坚持这一计划。如果它能对你产生效果，那么只靠这份饮食计划本身就能对你的外表和健康产生巨大的影响。

早餐

你不能不吃早餐。理想的选择是红肉（牛肉或羊肉）加一把坚果。任何类型的红肉、任何类型的坚果（花生不是坚果）都可以。如果你买得起有机食物，那么最好选择有机食物。如果你消化不了红肉，那么鸡蛋或油性鱼都是不错的替代品。不要等到了办公室再吃早餐，争取在起床后30分钟内就进餐。至于早餐时的饮品，咖啡和茶都可以。你喜欢的话，也可以在咖啡里加少许奶油；如果你喜欢椰子油的味道，它也是一种不错的补充。果汁就不要喝了。

其他几餐

每天争取至少再吃三餐，两餐之间间隔3~5个小时。我们的饮食方案非常简单：只吃蛋白质和蔬菜。饥饿会导致低血糖、食物强迫症和饮食方案失败。

任何曾有生命的东西里都含有蛋白质。如果它曾经会走，会爬，会滑，会飞，会游泳，会打洞，会疾走或是小跑，那你就可以吃它。鸡蛋也算，如果你能耐受奶制品的话，它也是一种选择。

在最初的短期“新兵训练营”阶段，请坚持只吃绿色蔬菜，你喜欢怎么做都行（黄油是好东西，不用回避）。最初的2周过后，你也可以增加红薯或山药作为一种选择，但所有的蔬菜都是好东西，不要认为一个普通的马铃薯会破坏你的饮食方案！

简而言之，你吃的每一餐里必须有些动物蛋白，其他必须是蔬菜。能吃多少就吃多少；摄入正确的食物会自动导致热量摄入的调整，这会让你惊喜不已的。在热量控制方面，谨慎这个词唯一的用武之地是要限制早餐时坚果的数量。

前2周过后

你变得越精瘦，你的身体就越能承受碳水化合物，这样你就可以在晚餐中增加复合碳水化合物。摄入碳水化合物的正确时间不是我们过去认为的早上，而是晚上，这有助于促进舒适的睡眠、放松和达到正确的皮质醇曲线。

如果你非常适应这样的饮食方案，那么每7天到21天来一次周期性的破例——一餐或是一整天——也会有很好的效果。你多久可以来一次破例，想吃什么就吃什么呢？我不能替你做出回答；只有你能做出各种尝试，看它们对你的外表、精力水平和训练表现都有怎样的影响。

另外要注意，重量训练越频繁越刻苦效果就越好，因为阻抗训练是提高胰岛素敏感性和身体处理碳水化合物能力的重要训练方式。

饮食计划的开始和保持

你对自己的饮食计划按部就班的坚持程度将决定你能取得的成就的大小。

在整个塑身计划中，没有比这更能让你的感觉和外表发生变化的事了。

在训练计划中，完全的初学者需要从相对较低的水平开始，但饮食计划不同，你一上来就可以投入计划，直接进入高级模式。不，这并不意味着你要直接进入主要限制热量摄入的阶段，但你可以从第1天起就使用高级方法。无论减脂饮食方案还是增肌饮食方案都是以合情合理、循序渐进的方式开始的，任何人都可以执行这些计划。

但你可能不想直接进入这么深的层次，更希望循序渐进慢慢来。或者你为了达到目标训练已经非常刻苦了，在短时间内做出了一定的牺牲，现在想慢下来，保持已经达到的体形和健康状况。

计算热量

我想先简单说几句有关热量的问题。那些专注数据的人会热衷于计算热量，而我对此总是充满警惕，因为它可能会把太多人带到错误的道路上去。

如果你想让事情保持简单，那么我向你保证，计算热量对大多数人来说都是个多余的概念。但话说回来，条条大路通罗马，如果计算热量会让你感觉更舒服的话，那我们会给你需要的工具的。但对于可持续下去的基础饮食方案，就别再操心你送进嘴里的每一口食物，让本来已经很艰难的日子变得更艰难啦。热量确实是可以计算的，但它们之间并不总是相等的。这会让你感到迷惑不解吗？如果你在这个问题上听过大多数“专家”的意见，就会感到迷惑不解的。

我遇到过太多向别人提出身体成分“建议”并为此收费的人了，每次都让我恨得牙根痒痒的。这些教练在其他方面还算训练有素，但我与他们之间最大的分歧在于：他们根本不知道要达到出色的身材需要真正付出什么。或许我们应该先对所谓“出色的身材”做个定义，因为每个人的定义都不相同。如果——这是个很重要的“如果”——你的目标是变瘦点儿，强壮点儿，看起来比一般人身材好点儿，但没什么特别，那这也是一种“出色的身材”，我接受这种意见。但另一方面，我所谓的“出色的身材”指的是男人的体脂率要低于10%，我希望自己的学员看起来都很特别！

要达到这种体脂率水平，同时还要具有相当比例的肌肉量，会是个真正的挑战，坦白说，它远超出任何从未达到过这一目标的人的理解范围。当然，有些天赋异禀的家伙不管怎样都能一直把体脂率保持在8%左右，但他们必须是天生苗条、运动量极大、肌肉富余的人。所以，真正惹恼我的是每次读到诸如“只要你采用原始人饮食法，热量就无关紧要”或是“每次我增加脂肪摄入量就会变得更苗条”这种垃圾的时候，我对这些无知的家伙真的绝望了，他们认为事情会那么容易！

事实上，谈到真正的塑身时，前世界级健美运动员肖恩·雷的话总会在我脑海里回响，这已经有将近20年了：“比赛前我每天上床睡觉时肚子都饿得要命，这可不是为了好玩儿。”

众所周知，健美运动员都有自虐倾向，任何曾经塑身成功、在舞台上展示出美好体形的人的自律和坚持精神都值得你尊重，但就连这些铁杆健身爱好者也不会自愿选择挨饿。但这是必要的，最好的训练师和教练都明白这一点——常常是因为他们自己曾经这么做过。

在你完全按字面意思理解我的话之前，我要先声明：我的意思绝对不是让你挨饿，并一直保持饥饿状态！绝非如此，因为条条大路通罗马。有些人对热量循环和碳水化合物循环非常适应，在这些循环里，有时你根本不知道自己是不是在节食（参见饮食计划部分，关于如何做到这一点，那里有一些最好的例子）。至于我自己，我始终相信，一旦你已经有了相当程度的肌肉量，并且相当精干的话，那么为了保持你之前如此刻苦训练才长出来的肌肉，你就必须在某些时候摄入相当数量的碳水化合物——注意，我强调的是某些时候。

但这些个体差异都不能让你逃避这样一个事实：在某些阶段，你必须制造出总热量不足的状况。

之所以会出现这么多错误的建议，是因为健身行业既极端爱赶时髦，反应又经常是被动而非积极主动的。多年以来，我们一直听着计算热量是减肥的唯一途径这种屁话。这句话确实有一定的道理，但它已经被弄得难以理解，所谓的专家也被搞糊涂了。这是因为“计算热量”的概念已经被低热量的高糖食品制造商绑架了，他们希望无辜的公众认为：对你的健康和身材而言，一碗含有200千卡热量的低脂甜麦片实际上是比同样含有200千卡热量的煮鸡蛋更好的早餐。

只要总热量相等，一切就都没问题，对不对？不，当然不对。除其他因素外，宏量营养素对激素和代谢健康有着深远的影响。只有傻瓜才会对此持相反的意见。

为了把问题进一步复杂化，热量之争似乎在某种程度上又和“碳水化合物与脂肪孰优孰劣”的争论混杂在了一起。这里我又要说到所谓“必需脂肪”是必需的这种老生常谈了（哇，我听见你哭了），尽量简单地说吧：从天然有机食物中摄入的脂肪是对你有益的，不需要避免。另一方面，摄入过量的糖和小麦才是21世纪健康危机的头号元凶。

- 并不是所有的热量的作用都一样，对你的身体来说，有些热量比其他热量要好得多（在这里可以把“是否是来自土地或农场的天然食物”当作一般准则）。
- 任何告诉你热量无关紧要的人都是白痴，他们连基础数学都不懂。
- 要达到梦幻般的体形，你就需要知道哪些类型的热量最适合你，需要的量又是多少。这其实并不太复杂，但确实需要花一点儿时间来确定，因为我们彼此之间的差异太大了。新陈代谢能力、肌肉量和活动量的不同都会导致这两个变量发生巨大的变化。很抱歉让你失望了，但没有一本书能告诉你到底什么对你最有效：因为你的饮食需求太易变了。这本书所做的是给出了一系列的起始地图，你需要在此基础上继续努力，不断尝试。

因为我知道你们中有些人会想知道这一点，根据我个人的经验，在假定训练水平没有达到疯狂的前提下，要达到超人级别的精瘦程度，平均每磅体重需要摄入10~12千卡的热量。这意味着一个体重200磅（约90千克）的人想要变瘦的话，在确定每天的食物摄入量时，可以用2000~2400千卡作为非常粗略的起始标准。

我粗略的增肌经验是，假定你至少可以看到自己的腹肌轮廓，那么增肌时的起始标准可以是平均每磅（约0.45公斤）体重摄入13~16千卡热量。

说实话，我甚至都不愿意告诉你这个大概的数字，因为这种建议太宽泛，太通用了。要确定你的热量水平，最好的方法是首先根据上一章的规则确定饮食方案，然后坐下来，拿一支笔，一张纸，算出你需要摄入多少热量才能维持体重和良好的精力，同时只吃“干净”的食物。

我与任何在确定正确的饮食方案之前就企图计算热量水平的人之间的分歧在于：荷马·辛普森标准营养建议中的每日总热量2000千卡的影响与终极塑身计划营养方案中的每日总热量2000千卡的作用是完全不同的。

但是，如果少了这些数字就会让你觉得自己太过随心所欲的话，那么你可以从有关饮食计划中选择一个作为自己的基础饮食方案（包括本书中的饮食计划和可以在www.UltimateTransformation.Guide上找到的更多饮食计划），然后根据结果对它进行调整。

增肌营养方案

我真诚地相信，营养和增肌这个主题已经被既得利益者弄得过分复杂了，而

把问题弄复杂只会让他们得利。我可以很容易就这一主题写一整本书，给出诸多选择，但这只会把你搞得更迷惑，不如我们保持简单，直奔主题。本章会一直只给出明确的规则，直到结尾处，如果你决定遵循某个计划的话，我们也会给出参考饮食计划（我讨厌这样做，但我明白，许多人都觉得需要一个参考方案）。

从头开始

大多数人都希望开始一个新方案时能大张旗鼓，花样百出，但很多教练都会告诉你，你只需要不断做出渐进的小变化。这句话有说对的地方，也有说错的地方。

莽撞地开始一个计划并不总是最糟的办法，特别是如果你给自己严格规定了12周期限的话，你总是要给自己调整计划的空间，而且总要根据自己之前的所作所为做出改变。请允许我对此做进一步解释。

在为你设计新的增肌饮食计划时，我们首先需要知道的是你之前的饮食状况。如果你之前每天只吃一顿饭，那么和你之前已经做到每天吃五顿固体食物并喝两杯蛋白质混合饮料的情况相比，我们首先要做的改变显然就会完全不同。因此，我希望你做的第一件事是写下你最近几天吃过的所有东西，把它当成你的起点。在接下来要涉及的规则里，我们会说明“你下一步该怎么办”。

大多数“怎么练都长不出肌肉的人”吃得都不够多

你得吃才能长。我知道这听起来有点儿老套，但这是句大实话，可以说大部分无论怎么练都长不出肌肉的人增肌失败的头号原因就在于吃。如果你的新陈代谢速度很快，那为增肌而进食就是件苦差事。你必须严守纪律，坚持不懈，按时而不是按饥饿感进食。总是往嘴里塞食物会变得非常无聊，而对很多人来说，这才是塑身过程中最难的地方，对骨瘦如柴的家伙和职业健美运动员都一样。

如果你其他任务（训练和恢复）都完成得很好，而每天五餐还不能起作用的话，那么每天六餐很可能会有助于你加速进步。

有疑惑就多吃点儿

如果增肌是你塑身的主要目标，那我可以假定你是个天生瘦弱苗条的人，根本就很难长脂肪。如果情况确实如此，那么疑惑时就总是多吃点儿吧。你的身体不是在合成代谢（增肌）就是在分解代谢（分解肌肉），由正确的宏量营养素提供的稳定热量会协助进行合成代谢，并抑制分解代谢。

这不是老式的“要增肌就要看见什么吃什么”的饮食方式。那是错的，太多的人最终只是增加了脂肪，它既不健康也不利于创造出适合增肌的正确激素环境。如果你吃饱了，那就是吃饱了，你们中有些人可能需要努力提高食欲（参见补剂部分的消化酶等补剂，它们有助于解决这个问题），但我不相信暴食，也不相信不停地吃垃圾食品会有任何作用。

绝不要错过任何一顿饭

如果你的目标是快速增肌，那么我绝不相信你可以错过饮食。我认为，刻苦训练、旨在增肌的人应该每3个小时进餐一次。当然睡觉的时候除外！

如果你上过网络论坛，可能已经看到过一些说法，比如进餐时间并不重要，只要你在24小时的周期内完成了宏量营养素的目标，一切就都没问题。我希望你能理智思考，能看出这并不合理。我们的激素水平在一天之内是会有波动的，吸收和利用食物的能力也一样。

当谈到最大程度地增肌时，你需要了解：你的身体要么是在合成蛋白质（利用氨基酸来构建你的身体），要么就是在分解蛋白质（通常是从你的肌肉组织里拆用氨基酸）。两者之间没有中间状态。本质上，你不是在合成代谢就是在分解代谢。由于我们要最大限度地增加合成代谢，所以我们的目标就应该是确保你的身体极少有吞噬肌肉组织的机会。

这就意味着频繁摄入蛋白质是最重要的事（目前的研究表明，蛋白质合成大约在进食后2小时达到顶峰，这也就意味着如果我们想让峰值最大化，并在1~2个小时后回到基线水平的话，一直不停进食就不是最佳的办法）。不管那些网络专家是怎么说的，每天只吃两顿大餐是做不到这一点的。

另一个应该驱使你经常——而不是偶然——进食的激素原因则是：稳定的胰岛素水平对合成代谢至关重要。而少食多餐将有助于达到这一点。

热量是很重要的——有些时候

在有些现代派的教练中有种流行的说法，即所谓“热量无关紧要”。这完全是胡说八道。热力学定律完全适用于人体，就像它适用于任何东西一样。如果我们没有把吃下去的热量消耗掉，就意味着身体一定会用它们来制造别的东西。因此，如果我们要长肌肉，就得摄入比基础代谢率更高的热量才行。

但我们可以把事情变得复杂一点儿。你认为来自牛排、烤土豆和甜玉米中的1000千卡热量与来自面包、巧克力酱和碳酸饮料中的1000千卡热量在新陈代谢、激素水平和生理水平上的影响是一样的吗？我真诚地希望你的答案是“不”。这意味着并不是所有的热量都是一样的，而且无论是为了减脂还是增肌，只有在你一直吃同样的食物时，计算热量才是有意义的。

为自己制定增肌食谱的方法是留意你的热量摄入（我需要告诉你热量必须来自“正确”的食物吗？），如果体重没有按你的期望增加，那么5天之后将热量摄入提高5%~15%。提高多少取决于你的胃口、你对长胖的恐惧、你之前是否就提高过热量摄入，以及你能安排多吃几餐，还是每餐多吃一点儿。

有些人会谨慎地记录摄入的热量，我对此完全没有意见，而其他人会更像我一样，只是粗略地注意这一点，只是增加每餐的分量或进餐频率。精确细致绝对是最好的办法；毕竟，你对任何东西跟踪得越精确，就越容易控制用于提高效果所需的参数。但是，如果你做不到这么精确，也不要担心，你不用记录送进嘴里的每一口食物也能取得巨大的成果。

液体热量与“真正的”食物的对比

在推特上我每天至少被问10次的一个标准问题是：“我每天能喝多少混合饮料？”

似乎没人想在一天内吃很多顿饭，大家都在寻找蛋白质混合饮料提供的捷径。这是错的。

液体热量有时是有用的，比如训练

你可以用以下原料做出富含热量、营养充足的混合饮料：

- 全脂牛奶或生牛奶。生牛奶可能很难买到，另外，如果你对它的安全性有任何疑问，就应该回避它。
- 水果和浆果。在混合饮料里放点冷冻浆果棒极了。
- 绿色蔬菜。我知道这听起来让人反胃。确实如此。但我过去还认识往饮料里混鸡胸肉的人呢，所以就别抱怨了！
- 燕麦片。
- 亚麻籽油。
- 乳清蛋白粉。尽量避免那些高糖“增重粉”垃圾货。
- 坚果。
- 蜂蜜。
- 酸奶或奶油——对那些真正需要额外热量的人来说！

后，但“真正的食物”中的营养才有助于形成一个越来越健康、从而对增肌的反应越来越好的环境。不过先让我把话说完，我马上就要彻底反驳自己的话了。

在理想的世界里，你可以通过5~6餐固体食物摄入理论上每天所需的3500千卡热量，但很多天生消瘦的家伙要非常努力才能吃下这么大分量的食物。是的，你可以用些技巧，比如服用消化酶（或者吃半个木瓜可能更好），但让一个之前每天最多吃三顿饭、且每顿分量都不多的人一

下子跳到每天吃六顿大餐，这步子也太大了。在这种情况下，能把热量喝下去就实在是件好事了。

对那些不能或不愿意吃固体食物的人，我的建议是利用这些原料中的一部分或全部做份混合饮料（或是多份混合饮料，我20岁出头时急于长出最大块的肌肉，就曾经这么干过）。我不会给你设定数量，因为你们都有不同的宏量营养素和热量目标，所以你仍然需要自己做一点儿计算，把它们纳入到你的饮食方案当中去。

胰岛素敏感性的绝对重要性

胰岛素是我们体内的“母亲激素”，对它你需要了解以下内容：

- 它是我们分泌的最重要的合成代谢激素，负责把营养物质推进我们的细胞里。
- 对胖子来说，它可能是魔鬼；但对想要增肌的瘦子来说，你要让它变成你最好的朋友。
- 如果你够幸运，你的身体会对胰岛素非常敏感。这就意味着，当你产生胰岛素反应时（一般是由于吃了碳水化合物），你的肌肉细胞会“打开”，摄取由胰岛素输送来的营养成分，这会让你变得块头更大，肌肉更发达。
- 如果你运气不好——大多数瘦子没有这个问题，因为它一般是由于体脂率过高引起的——你会有胰岛素抵抗。这就意味着你的身体会过度分泌胰岛素，从而导致营养物质被不加选择地输送进入脂肪细胞，这样你也会变得块头更大，但那只是因为你变胖了，这可不是我们的目的。

既然你明白了胰岛素敏感性的重要性，问题就变成了：我们应该怎么做才能增强或维持胰岛素敏感性呢？答案是：用几天时间进行碳水化合物摄入循环实验，观察你的体脂水平（如果体脂增加太多，就适当减少碳水化合物和热量摄入），此外，要像机器一样做重量训练！

两条警告。第一，如果你肚子上还有游泳圈，那么这种方法不适合你，你首先得变瘦才行。第二，即便你已经够瘦了，但如果你在吃掉分量合理的碳水化合物——比如分量适当的米饭——之后感到昏昏欲睡的话，那么你很可能天生有些胰岛素抵抗。我的建议是，在这种情况下你还是应该采用碳水化合物循环的方法，但在高摄入的日子里不要太过激进。

我总是不愿意给你太多应该如何进行碳水化合物循环的实例，因为我希望教会你如何倾听自己身体的声音、对反馈（健身表现、镜子、卷尺）做出评价，并做出相应的调整，这都是非常重要的。这正是书本的缺点，我们不得不选择更通用的方法，我知道这会让你们中的一些人感到失望，因为你希望我能确切地告诉你具体该怎么做。

请理解，我不能这么做，因为每个人的情况都有太多独一无二的个人因素，都要加以考虑。因此，我的目标是教会你自己思考，而不是给你过于死板的教条。如果你想要各种现实的碳水化合物循环范例，请参见本书的饮食计划部分。

碳水化合物可以“节省蛋白质”，这就意味着你摄入的碳水化合物越多，身体就越不可能在需要能量时动用蛋白质。因此，虽然这似乎有悖常理，而且我所谓“在减脂饮食计划中应该摄入蛋白质而减少摄入碳水化合物”的观点可能是错的，但我们在增肌时摄入的蛋白质含量确实可以略低于某些以减脂为重点的饮食计划。

以下是一份关于如何安排饮食计划的实例，假定你为了维持体重，每天需要摄入3000千卡热量，而通常的宏量营养素配比是40%碳水化合物、30%蛋白质和30%脂肪。每克碳水化合物和蛋白质都含有4千卡热量，而每克脂肪含有9千卡热量，所以40%的热量摄入来自碳水化合物就意味着你需要摄入300克碳水化合物。如果你需要更详细的数据，我们可以将其分解如下：

宏量营养素配比示例

40%碳水化合物=1200千卡=300克碳水化合物
30%蛋白质=900千卡=225克蛋白质
30%脂肪=900千卡=100克脂肪
总热量=3000千卡

如果这是你理论上维持每日正常活动需要的“健康”饮食，而我们决定要为增肌开始碳水化合物循环，那我们要做的第一件事是什么呢？

正确的答案是不要控制碳水化合物的摄入！而要设置蛋白质的目标底线。在设计增肌饮食方案时，这永远是要遵循的第一条营养原则。我认为每磅瘦体重需要摄入1~2克蛋白质，说实话，2克一般有点儿高，但我们可以把它当做一个目标，因为为了让蛋白质的摄入量达到适当水平，合理的策略是：把目标定在2克，最终达到了1.5克，这要比把目标定在1克最终只达到0.5克好多了。

如果我们假设的对象体重有200磅瘦体重，那么我们会很满意他把每日摄入225克蛋白质当做底线，这样，如果我们进入碳水化合物循环，就没有降低蛋白质摄入量的回旋余地了。但是，如果你希望的话，我们可以通过降低碳水化合物或脂肪摄入量为代价来增加蛋白质摄入量。当然，作为碳水化合物循环方法的一部分，我们也可以控制碳水化合物和脂肪的摄入比例。

我们可以控制热量摄入吗？

可以——但只是单向的。如果每日摄入3000千卡热量是维持目前瘦肌肉量的底线，而我们的目标是优化肌肉生长的话，那么热量摄入永远不能低于这一数字。

所以，现在你对增肌碳水化合物循环知道了两点：

- 蛋白质底线不能降，可以升。
- 热量底线不能降，可以升。
- 其他一切都可以根据你自己的反应进行控制。这就是自我实验开始发挥作用的时候了。

补剂永远不能代替食物

本书中有一章是专门讲补剂的，但我想强调一点：按照严格定义，补剂就是“补充品”。它们只是对有限的饮食计划有所帮助，或是比正常的营养方案更有助于让你取得进步。

在考虑使用补剂之前，你必须做的第一件事就是坚持营养饮食。如果你想把我惹毛了，就上推特告诉我说：你已经迫不及待地要开始我的某个计划了，但在准备好所有的补剂之前，你是不会开始的！

我并不是疯狂的补剂反对者或支持者。我认为市场上的公司有好有坏，我自己每天也会吃几种补剂产品，甚至也会给自己的小孩儿吃一两种补剂。但是，我不愿意对补剂讨论太多，因为有太多人痴迷于把它们当作拐杖了。另一方面，也总是会有补剂反对者，他们讨厌所有的补剂，不分青红皂白全部抛弃。

和往常一样，你还是要学会独立思考，不要被别人的胡说八道所蛊惑，如果某个产品听上去能服务于你的目标，那么不妨持开放态度去尝试一下，这总是会让你对它有更好的了解的。

蛋白质目标

“蛋白质”这个词很可能源自希腊语中的“proteios”，意思是“首要条件”。正如我已经告诉你的，制定每日摄入的蛋白质目标是努力增肌时最重要的事（首要条件），因为我们经常把蛋白质称作肌肉生长的“建筑材料”。

对寻求增肌的苗条成年男性，有很多种办法可以用于估算其理想的蛋白质目标。我个人倾向于每磅瘦体重摄入1~2克蛋白质，如果碳水化合物摄入较少，训练量又较大的话，就偏向2克；相反，如果训练没那么频繁，碳水化合物摄入量又较高的话，就偏向1克。

为了让一切保持最简单，我希望你尝试达到每天每磅体重摄入1.5克蛋白质的目标。因此，如果你体重为200磅，就应该每天摄入300克蛋白质，它们应该分布到4~6顿饭当中。

关于蛋白质的摄入量有两条警告。首先，可能会有人吓唬你，告诉你说摄入太多蛋白质会损害肾脏。让他们去给你找一份研究报告出来，说明在这种情况发生之前这个病人并没有肾脏问题。不管他们怎么努力也是找不到的。

其次，如果你的蛋白质目标是300克，这意味着300克真正的蛋白质，并不意味着300克以蛋白质为主要含量的食物！很多人在这里都理解错了，因为500克牛排就是500克牛排，它不是500克蛋白质，实际上，它只含有大约100克蛋白质。

早餐的重要性

你不是在合成代谢（增肌）就是在分解代谢（肌肉分解），没有中间状态。

一夜好觉之后，你最应该做的就是摄入一些蛋白质——你最开始吃的20克蛋白质甚至都不会用于供给你饥饿的肌肉，而是会去支持免疫系统。我不需要告诉你更多了，因为一个天生消瘦的人读过这一章有关营养的章节之后，应该学会的最重要的东西就是：如果你想增肌，就应该把注意力放在食物上，它们是最好的、最能促进合成代谢的东西。

不过我确实要附赠给你一项额外的奖励。如果我确实是怎么练都长不出肌肉的类型，已经把所有的精力都放在努力变强壮上了，那我会在起床后马上喝一杯蛋白质混合饮料（乳清蛋白加一些必需脂肪），然后再刷牙洗脸和做早餐。

是的，我写的确实是“做早餐”，玉米片和烤面包可不算数。最适合你的早餐是牛排和鸡蛋，再加一些坚果作为配菜。把高热量的食物放在之后的几顿饭里吧，到时候你的身体能更好地利用它们。忘掉你可能在主流媒体上看过的那些内容吧：蛋白质和脂肪会使你保持清醒和专注，而碳水化合物会让你放松。

晚餐的重要性

晚餐指的是你在睡前1小时左右吃的那一餐，可以说它在促进增肌上和我们刚刚讨论过的早餐有着同样的重要性。

为什么呢？因为在接下来相当长的一段时间里，你都不会再吃东西了，因此为一夜的肌肉生长补足正确的食物是至关重要的。要让我给你一个具体的晚餐计划颇具挑战性，因为尽管有些人——比如我自己——吃得饱时睡得更香，但也有些人不是这样。如果一定要我选择是睡眠重要还是吃饱重要的话，我会说睡眠更重要。这意味着你一定要注意自己的感受和睡眠状况，并做出相应的调整。

在最好的晚餐中，碳水化合物应该占到比较大的比重（按之前“早餐”部分的叙述，碳水化合物会提高胰岛素水平，从而降低应激激素皮质醇的分泌），这可以提升一种叫做血清素的神经递质的水平，它负责让你感觉更放松。结果你会得到更舒适、更健康的睡眠。

晚餐可以有无数种选择，一个很好的例子是：

- 1大碗全脂牛奶麦片粥
- 2根香蕉
- 4个鸡蛋（怎么做都可以）
- 1份蛋白质混合饮料

两份训练后混合饮料

对食欲不佳的人来说，能把热量喝下去会很有用，但一般来说，固体食物还是更好的选择。我们唯一应该主动选择混合饮料的时间就是训练后。有观点称混合饮料吸收得更快，我对此略持保留态度，但我要说的是，在一次艰苦的训练之后，我们很多人根本没办法吃下去一大堆食物，所以混合饮料确实可以起到作用。

我跟世界知名的健身教练查尔斯·伯里库恩学到了一个小技巧：把训练后的混合饮料加倍。你不是要喝一大杯混合饮料（比如含有50克乳清蛋白、100克碳水化合物、5克肌酸），而是喝两杯，第一杯（50克乳清蛋白、50克碳水化合物、5克肌酸）训练后马上就喝，第二杯（30克乳清蛋白、50克碳水化合物）则过1小时后再喝。

这是给真正消瘦的家伙的技巧，那些容易积累脂肪的人就不必尝试了。但是如果你瘦得皮包骨头，就试试这个很容易遵循的方法吧。它确实非常管用。

作弊是好事吗?

我希望你记住这一章。这是一份相对短期的计划，旨在帮助你在尽可能短的时间内在特定的主要部位尽量增肌。在我做了这番解释之后，请允许我向你介绍“尖峰日”（spike days）的原则，在这些日子里，我们积极摄入大量热量，以进一步最大限度地提升增肌潜力和糖原储备。

增肌中尖峰日的应用与对碳水化合物循环理论的应用大致相同。你们中有些人更强调精确和分析，他们可能只想坚持碳水化合物循环，会仔细记录自己吃下的每一样东西。其他人可能会更喜欢在固定的宏量营养素配比和热量水平的框框里一路打钩（当然，如果你想最大限度地增肌，热量水平就要高于维持正常活动的热量水平），然后每隔几天（频率取决于你的进度和反应）来一天尖峰日，这一天我们摄入的热量最多将增加50%。

我们不能强迫肌肉生长，但偶尔的高热量日确实会促进合成代谢增加。这些日子的应用要审慎小心。对那些发现自己几乎不可能增加脂肪的人来说，尖峰日绝对是能帮助你迅速增加肌肉的方式。

对于尖峰日，我要说的最后一点是，你应该吃的第一样东西永远是优质蛋白质。一旦把它们装进了肚子里，接下来就可以喂野兽了，只要你吃的东西确实有真正的营养价值，那你想吃什么，想吃多少都没问题！自制汉堡和薯条都可以，哦，但是连吃10块巧克力棒确实不行。

你的饮食方案不能是僵化的。记饮食日记，评估进展，并做出相应的调整

我知道你想让我告诉你在接下来的84天里具体到底应该吃些什么。就算我能把这些信息压缩到一本书里，我也不会这么做，因为饮食计划必须是个灵活的、动态的过程，它需要反映你的进步、你在健身房中的表现、你坚持执行计划的能力，以及你的“感觉”。

你可以把我们已经讨论过的内容当作起点，开始向着确定的目标努力。最基本的是，我希望你达到自己的蛋白质目标，但只要你愿意，也可以把目标定得比这复杂得多。你可以计算宏量营养素、热量或者只是简单地估计分量。我真的不太在乎你怎么记录自己摄入的营养，只要你采取遵循了某种跟踪方法就可以了。你可以通过记饮食日记在进步过程中不断调整自己的饮食，根据身体的反应去除或加入某些食物。从本质上来说，这一程序让你去了解自己的身体，并成了自己的教练。

综合而论：如何构建自己的饮食计划

如果你已经以应有的谨慎和专注阅读了前面提到的要点，现在应该能够构建自己的饮食方案了。还记得授人以鱼与授人以渔的古训吗？

如果你明白这句古训的含义，就应该能理解我想做什么。我希望你能独立思考，尽可能构建属于自己的完美饮食方案。由于你可能从来没这么做过，我会在这里列出一些要点：

- 建立维持目前正常活动的饮食标准。虽然我们应该记住并不是所有的热量都是一样的，但它们都很重要。40%碳水化合物、30%蛋白质、30%脂肪是相当明智的宏量营养素配比，根据它算出你的基础代谢率。这就是你的起点，你总是要在此基础上增加饮食。
- 把你的饮食分成训练前后两部分。除非你的训练时间很晚，否则尽量在训练后多摄入碳水化合物，而不要在训练前摄入。
- 利用胰岛素的力量。不要错过任何一餐，在某些时候采用碳水化合物循环。
- 永远不要让自己感到饥饿！
- 明智而谨慎地摄入液体热量。它们不是理想的食物，但它们已经拯救了很多人的食欲不振。
- 不要对使用补剂上瘾。合成代谢的是食物，不是补剂药丸！

需要有效减脂时，训练也很难敌过糟糕的饮食

如果你只是个普通人，每周只能去四次健身房，每次1小时，而你又想靠训练来战胜饮食，摆脱体内多余的脂肪，那就意味着你正在走向彻底失败。

我们在本章前面讨论了“摄入热量，消耗热量”的概念，并给了你一些关于如何建立（计算）粗略的热量基础的常识性指导原则。你可以利用这些信息开始构建自己的饮食计划，不要害怕尝试，不妨通过尝试各种不同的热量、宏量营养素配比，甚至进餐时间来保持饮食计划的活力。从很大意义上来说，最好的饮食计划就是你能一直坚持的计划，所以我不希望你在这里想得太多——它并不像你可能认为的那么复杂或是令人迷惑不解。

如果你被卡住了，那么在读完下面的规则之后，可以直接跳到减脂饮食计划部分，用“第1周”作为开始的基础。那份计划里充满了简单的概念，可以帮你走上正确的道路。

规则1：

绿的就是好的

要让蔬菜成为你的饮食计划的基础：每次你坐下来吃东西时，盘子里应该有一半是各种绿色蔬菜和粗纤维蔬菜。如果你想变得苗条，能炫耀自己的腹部，那么还应该记住：你得吃一斤芦笋，才能和吃一个全麦面饼摄入相同数量的碳水化合物。

规则2：

吃什么都要吃蛋白质

蛋白质是饮食计划中最重要的组成部分之一，你吃的如果是高蛋白质饮食，一般就很少会饿，就会吃得少，结果就能减重。

要摄入过多的蛋白质恐怕非常折磨人，但很容易就会摄入不足。每一餐都要吃精瘦的优质蛋白质，目标是每千克体重最少摄入2克蛋白质，但如果你处在非常低的碳水化合物摄入阶段，坚持每千克体重摄入4克也无需担心。

规则3：

不要害怕脂肪

脂肪不会使你变胖的。实际上，如果你想增肌燃脂，就需要摄入高质量脂肪，因为这种宏量营养素在能量消耗、维生素储存和制造雄性激素——睾酮等一系列方面都起着重要作用。因此，没必要避免红肉、鳄梨和坚果中的脂肪，但需要避免的是氢化脂肪和反式脂肪——那些蛋糕、饼干和其他加工食品中的脂肪——因为它们不仅会破坏你的增肌减脂任务，对你的健康确实也有损害。

规则4：

对待早餐像其他任何一餐一样

像对待其他任何一餐那样对待早餐：你要吃蛋白质、脂肪和蔬菜的混合餐。起床后就吃牛排和西兰花开始可能显得很奇怪，但早餐吃对食物会让你为接下来的一整天都做好准备，它会让你的新陈代谢开始燃烧，并开始为你的肌肉提供高质量的营养。

规则5：

营养素比热量更重要！

从冰淇淋里摄入2000千卡热量或从牛排和西兰花里摄入2000千卡热量，哪个会让你长胖？你已经知道这个问题的答案了，所以我希望你能接受这个观点：摄入正确的宏量营养素最终远比单纯计算热量重要得多。当然，也不能不加区分一概而论，因为热量依然很重要——控制饮食的分量从而控制热量确实也有一定的作用，但它只在当你有了固定的正确宏量营养素配比之后才有意义，而且，一般只有当你以体脂率低于10%为目标进入深层次的减脂计划时，这么做的作用才会显现出来。

规则6：

散养动物更好

散养动物的饮食更多样化，锻炼的机会也要多得多——它们会长出更多的肌肉，往往也含有更多的维生素B、维生素A、维生素K、氨基酸、铁、硒、磷和锌。研究表明，由于拥挤的环境和劣质的饲料，养殖鲑鱼体内的致癌物质是野生鲑鱼的8倍，而草饲牛肉中的共轭亚油酸和欧米伽3脂肪酸的含量也要高得多。实际上，散养动物与圈养动物之间是如此不同，基本上已经可以算是不同的食物了。如果你这么想，选择吃散养动物就不会感觉是种无意义的奢侈了。

规则7：

吃真正的食物

这是关键。如果你这样做，最终你就会几乎自动去遵守其他所有规则。一条简单的经验规则是：只吃地上长出来的食物或者是曾经有张脸的食物。你可以干脆假装自己是穴居人，用猎人—采集者的思维方式去思考。看到货架上的某样东西时，问问自己它在5000年前是否存在。如果答案是不存在，那很可能你就不应该去吃它。你可能会发现自己更容易待在超市里相对靠外的区域，因为考虑到运输方便，一般新鲜农产品都会放在这个区域；你也会远离相对靠里的区域，那里全部都是罐装食品、加工食品或包装食品，充满了防腐剂。避免吃那些含有你不会拼写的防腐剂的食物，也要避免吃含有你不会在厨房里保存的成分的食物。要吃那些最终会腐烂的东西，这样你才知道它们是新鲜的。尽量享受它们。

规则8：

忌酒

在周六晚上来一中杯红酒是允许的。如果你能把它纳入自己的热量指标之内，那么甚至可以说它是健康的偶尔补充。我不需要告诉你别喝啤酒了，对吗？

规则9：

减脂中的碳水化合物循环

这是个让人迷惑的话题。因此，在你读完本章之后，请参考减脂饮食计划部分有关碳水化合物循环的内容，那里有一些有效的实例，准确说明了具体应该如何操作。

当涉及到增肌和减脂时，碳水化合物往往名声不佳——它们会提高胰岛素水平，使你的身体以脂肪的形式储存更多的能量，而不是消耗脂肪作为能量——但控制碳水化合物的摄入是变得块头更大也更精瘦最好的办法之一。你只要先变得足够精瘦，就能摄入那些碳水化合物了！

就碳水化合物说一句

本书中的很多饮食建议乍看起来都像可怕的阿特金斯饮食法，但事实并非如此，不过你从理解控制血糖才是重中之重到明白怎么吃才能减脂之间还有很长的路要走。这就意味着，只有当你的身体能很好地应付碳水化合物的时候，你才应该吃它们。

坏消息是，如果你体形糟糕的话，你就不能很好地应付它们。好消息是，重量训练、减脂和增肌能提高胰岛素敏感性。碳水化合物会提高负责血糖管理的胰岛素水平，因此，胰岛素敏感性越高，你摄入的碳水化合物就越不容易不分青红皂白地进入脂肪细胞，它们会更多地进入肌肉细胞——这正是我们希望它们去的地方。这就意味着，随着12周塑身计划的进行，到某个阶段，你可能会因将碳水化合物加入饮食计划而受益。

在2~6周低碳水化合物的阶段过后，训练最刻苦、饮食最严格的学员可以选择性地将正确的碳水化合物加入食谱，并从中受益。实际上，不要简单地在每天的饮食中都增加碳水化合物，科学经验和传闻都表明，将碳水化合物摄入量按低、中、高日进行循环，对减脂和增肌的效果都会好得多。这样做在高碳水化合物日会有利于增肌，在低碳水化合物日则有利于减脂，同时可以在每日摄入的热量有所波动的情况下保持新陈代谢正常的活跃程度。

怎么做

对读者而言，这是指南中最具挑战性的部分，因为要让我们为你制订一份“通用方案”是非常容易的，你会发现在其他几乎所有的塑身书中看到的都是这样的方案，你只要做乔做过的一模一样的事就好了。但这是行不通的！你必须真正重视自己身体的反应，并根据我们在这里给出的标准进行调整。

每隔5到7天，我都会根据乔在健身房里的表现、他的整体能量水平和外表来调整他的碳水化合物摄入量。补充碳水化合物的合适时机会来的，如果你吃的食物量足够多（如果你吃的不够，那么之前说的就都不算了，你得更有组织性纪律性才行），而且：

- 你总是感觉迟钝。
- 你不能很好地进行重量训练，而且训练时的能量水平比平时低很多。
- 你通常都睡得很好，但现在睡眠受到了干扰。
- 你明显比平时更烦躁。

当你需要在饮食里添加碳水化合物的时机到来时，在前5到7天里要慢慢开始，以此来评估它对你的能量水平和塑身进展有何影响，只要在训练后的混合饮料里加50克碳水化合物就好了。

如果加这一小份碳水化合物进展顺利的话，接下来就是在你的训练后的混合饮料里再加一份或两份每份25克的碳水化合物粉末，另外把一大碗粥（用水熬的）当作你晚餐的一部分。

这会有助于你的睡眠，并帮你摆脱影响了很多人的低碳水化合物的紧张状态。在前7天里，在4天的晚餐里加粥，然后重新评估。如果你不能消化粥，也可以吃一中碗野生稻米做的米饭、山药或红薯。

如果你在饮食中加入了碳水化合物之后还能保持变瘦，而且感觉更好，那么在慢慢重新加入碳水化合物的一两周之后，就是考虑更激进的碳水化合物循环方式的好时机了。这时问题会变得有些复杂，而估算热量就成了有用的工具，因为如果按照我们和乔训练时的做法，要进行积极的减脂计划的话，那么我们就必须同时通过限制脂肪或蛋白质的摄入来减少热量摄入。在你对此感到震惊、认为减少蛋白质的摄入会让你将失去所有辛苦长出来的肌肉之前，不用担心，我们永远不会这么对你的！

碳水化合物是“蛋白质的替代品”，所以碳水化合物摄入量增加时，就可以适当降低蛋白质的摄入，特别是如果你一直摄入接近我们建议的每千克体重4克蛋白质这种相当雄心勃勃的分量的话。

减脂中的碳水化合物循环

即便在高碳水化合物日也要坚持吃由肉类和坚果组成的早餐。碳水化合物最好放在训练后和晚上摄入。

以下做法只在高碳水化合物日有效：如果你确实想吃（这不是强制性的），你可以吃一块水果和一份低脂奶制品——牛奶或者酸奶。其他的碳水化合物应该来自规定的来源——粥、山药、野生稻米和红薯。

如果你非吃点儿面包不可，那么就告诉自己最多吃不超过两片最粗糙的面包（未加工过的黑面包）。顺便说一句，如果你发现自己吃面包之后变得有点儿臃肿的话，这是你的身体不能耐受小麦的一个信号，无论从审美角度或是潜在的健康原因，你都应该尽量回避它。

07

饮食计划

如何饮食，如何制订饮食方案，才能增肌减脂如果你想通过饮食来改善体形，那么我们需要考虑很多因素，因为这些因素每天都会与前一天有所不同。

有话直说：哪怕只是提前2周，我们也不能预先计划你应该吃些什么，更不要说制订一份供你严格遵守的饮食计划了。这其中要考虑的因素包括能量消耗、能量需求、消化状况、身体状况、你对饮食的反应、睡眠状况、压力水平，等等，此外，除非你是机器人或是职业运动员，否则还要考虑你在任何一天里实际上能吃到和喝到什么。

通常，当人们向我要一份通用的饮食计划时，我最好的回答就是告诉那些毫不怀疑的学员：一份饮食计划样本就好像我告诉他如何从我家——而不是从他自己家——去健身房一样有用！

既然已经在饮食计划的有效性上彻底给你泼过了冷水，那我现在就要走一点儿回头路了！我们很多人是通过实例进行学习的——我们需要看到实际情况，才能为自己建立起概念，下面几页里的增肌和减脂饮食计划的首要目的也正是如此。它们的目的是为了给你一些如何饮食、如何制订饮食方案的实例。我们花了很大力气来用非常结构化的方式制订这些饮食计划。

利用Shazam立即解锁本章更多饮食方案内容

增肌饮食计划

我想强调的是，本书中包含的饮食计划不是从第1周到第5周连续的个性化饮食计划，而是一系列通用的单周计划，它们会教你如何构建自己的饮食方案。花点儿时间阅读我的解释，然后试着找出最适合你目前状态的方案。这些计划设置了不同的进度，所以理论上你可以从这样的安排开始：

- A周——执行4周
- B周——执行4周
- C周——执行2周
- D周——执行2周

保持洞察力

在选择自己的饮食时，可以参考这些计划的设计、结构，甚至相同的食物作为指导，但不要连分量也亦步亦趋，因为每个人需要的食物数量都是不同的。请不要刻意为了选择和本书的计划实例中相同的食物而给自己过分的压力，这会提高你的皮质醇水平的。我不希望你认为自己不能用菠萝代替苹果，或是用跳羚肉代替牛肉，用黑线鳕鱼代替金枪鱼，用米饭代替马铃薯。从宏观角度来看，同一类天然有机食物之间的相互替换不会给结果造成任何真正的区别。

记住，要让饮食计划能进行得下去，很重要的一点是食物要好吃，吃起来令人愉快。随便哪个白痴都可以靠吃鱼和青菜减重，但他们能一直坚持下去吗？答案你是知道的。

需要注意的是：

- 宏量营养素摄入中没有包括蔬菜。每餐的蔬菜摄入量统一规定为100克绿色蔬菜。
- 在某些情况下，为了表达得更清楚，数字被四舍五入了。
- 所有的宏量营养素指标和热量指标都是通过MyFitnessPal计算出来的。
- 一般假定使用计划者为一名相对精瘦的男性，对碳水化合物的反应良好。
- 除支链氨基酸、乳清蛋白和维他高*之外，你不需要服用任何补剂。
- 所有的食物都可以在超市和肉店里买到。

* 维他高是一种高分子量低渗透性碳水化合物粉末，能加快训练后糖原合成的速度，降低分解代谢速率，增加蛋白质的合成。

增肌计划：A周

宏量营养素目标： 40/30/30分割——3000千卡，300克碳水化合物/225克蛋白质/100克脂肪

训练日：每周4天

基本说明：在训练前摄入蛋白质和脂肪。训练前一餐食用椰子油（或中链三酸甘油酯MCT）以提供训练能量。碳水化合物主要通过训练后和之后的两餐摄入，以最大限度地增加训练后合成代谢的时间，并充分利用训练后葡萄糖转运蛋白4（GLUT 4）移动增强的有利时机。

休息日：每周3天

基本说明：每天前三餐主要是蛋白质和脂肪，这有助于增加全天的胰岛素敏感性及促进脂肪氧化。碳水化合物主要安排在每天后三餐摄入。这种安排也有助于在白天提高精力。此外，晚上摄入碳水化合物可以确保第2天训练时糖原储备充足，特别是考虑到训练前并不会消耗掉碳水化合物。这种安排也可以改为前两餐摄入蛋白质和脂肪，之后三餐摄入碳水化合物，最后一餐又是蛋白质和脂肪。你可以根据自己的情况在两者之间进行选择。睡前摄入碳水化合物不会影响睡眠的人可以选择前一个计划，而睡眠会受到影响的可以选择后一个计划。

周一

饮食计划	宏量营养素成分（克）	碳水化合物	蛋白质	脂肪
第1餐	175克草饲牛排，30克腰果，100克菠菜	10	45	27
第2餐	150克鳕鱼片，25毫升椰子油，100克西兰花	0	25	26
训练前	黑咖啡加10毫升椰子油	0	0	10
训练中	10克支链氨基酸	0	10	0
训练后	40克乳清蛋白，100克维他高	100	32	2
第3餐（训练后1小时）	140克鸡胸肉，100克四季豆，110克茉莉香米，100克菠萝	100	40	2
第4餐	140克鸡胸肉，100克菜花，110克印度香米	85	41	3
第5餐	140克火鸡肉末，100克羽衣甘蓝，50克腰果酱	8	41	27
		303	234	97

周二

饮食计划	宏量营养素成分（克）	碳水化合物	蛋白质	脂肪
第1餐	150克自制鹿肉末汉堡，45克夏威夷坚果，100克菠菜	6	40	37
第2餐	150克钓获黑线鳕鱼，10毫升椰子油，100克西兰花	0	30	11
训练前	黑咖啡加10毫升椰子油	0	0	10
训练中	10克支链氨基酸	0	10	0
训练后	40克乳清蛋白，100克维他高	100	32	2
第3餐	170克大虾，100克四季豆，500克马铃薯，125克红葡萄	100	40	3
第4餐	150克野生捕获金枪鱼，100克菜花，500克红薯	100	42	2
第5餐	150克熏鲭鱼片，100克黄瓜	0	32	37
		306	226	102

周三

饮食计划	宏量营养素成分（克）	碳水化合物	蛋白质	脂肪
第1餐	175克水牛肉末，40克核桃，100克菠菜	7	45	30
第2餐	150克鳟鱼，100克四季豆，20毫升特级初榨橄榄油	3	30	30
第3餐	150克野生捕获鲑鱼，100克羽衣甘蓝，20克草饲黄油	0	37	22
第4餐	140克鸡胸肉，500克红薯，100克西兰花	100	30	3
第5餐	140克火鸡肉末，125克印度香米，100克四季豆	100	40	4
睡前	150克燕麦片，40克酪蛋白，果蔬粉	90	40	15
		300	222	104

周四

饮食计划	宏量营养素成分（克）	碳水化合物	蛋白质	脂肪
第1餐	150克草饲牛排，40克杏仁，100克菠菜	8	45	32
第2餐	150克鳕鱼片，20毫升椰子油，100克西兰花	0	25	21
训练前	黑咖啡加10毫升椰子油	0	0	10
训练中	10克支链氨基酸	0	10	0
训练后	40克乳清蛋白，100克维他高	100	32	2
第3餐	140克鸡胸肉，100克四季豆，110克茉莉香米，100克菠萝	100	40	2
第4餐	170克巨型大虾，100克荷包豆，110克印度香米	85	40	3
第5餐	120克火鸡肉末，100克生菜，50克腰果酱	8	37	26
		301	229	96

周五

饮食计划	宏量营养素成分（克）	碳水化合物	蛋白质	脂肪
第1餐	200克草饲精瘦牛肉末，30克巴西坚果，100克菠菜	0	45	30
第2餐	150克钓获鲽鱼，10毫升椰子油，100克西兰花	0	32	23
训练前	黑咖啡加10毫升椰子油	0	0	10
训练中	10克支链氨基酸	0	10	0
训练后	40克乳清蛋白，100克维他高	100	32	2
第3餐	175克大虾，100克四季豆，500克马铃薯，125克红葡萄	100	30	2
第4餐	150克野生捕获金枪鱼，100克西兰花，500克红薯	100	40	2
第5餐	150克鲭鱼，100克黄瓜	0	32	37
		300	221	106

周六

饮食计划	宏量营养素成分（克）	碳水化合物	蛋白质	脂肪
第1餐	3片非烟熏培根片，4个有机鸡蛋，100克菠菜	4	30	28
第2餐	175克沙丁鱼（罐头），15毫升特级初榨橄榄油，100克四季豆	0	38	32
第3餐	150克野生捕获鲑鱼，100克羽衣甘蓝，20克草饲黄油	0	37	22
第4餐	140克鸡胸肉，500克红薯，100克西兰花	100	40	3
第5餐	140克火鸡肉末，125克印度香米，100克四季豆	100	40	4
睡前	150克燕麦片，40克酪蛋白，果蔬粉	90	45	15
		294	230	104

周日

饮食计划	宏量营养素成分（克）	碳水化合物	蛋白质	脂肪
第1餐	130克草饲牛排，2个有机鸡蛋，100克菠菜	4	30	28
第2餐	150克鲭鱼，100克四季豆	0	38	32
第3餐	150克野生捕获鲑鱼，100克羽衣甘蓝	0	37	22
第4餐	140克野生捕获金枪鱼，500克红薯，100克西兰花	100	40	3
第5餐	150克火鸡肉末汉堡，125克印度香米，100克四季豆	100	40	4
睡前	150克燕麦片，40克酪蛋白，果蔬粉	90	45	15
		294	230	104

增肌计划：B周

宏量营养素目标：40/30/30分割——3500千卡，350克碳水化合物/262克蛋白质/116克脂肪（大约）

训练日：

用餐的时间和结构保持与第1周相同，但每餐的食物量都增加了。

休息日：

将第3餐作为混合餐，以适应从本周开始的热量增加。

周一

饮食计划	宏量营养素成分（克）	碳水化合物	蛋白质	脂肪
第1餐	175克草饲牛排，45克腰果，100克菠菜	15	50	35
第2餐	170克钓获鳕鱼，25毫升椰子油，100克西兰花	0	30	27
训练前	黑咖啡加10毫升椰子油	0	0	10
训练中	10克支链氨基酸	0	10	0
训练后	50克乳清蛋白，120克维他高	120	40	2
第3餐（训练后1小时）	150克鸡胸肉，100克四季豆，125克茉莉香米，125克菠萝	115	45	2
第4餐	150克鸡胸肉，100克菜花，125克印度香米	100	45	3
第5餐	150克火鸡肉末，100克羽衣甘蓝，50克腰果酱	12	50	35
		362	270	114

周二

饮食计划	宏量营养素成分（克）	碳水化合物	蛋白质	脂肪
第1餐	190克自制鹿肉汉堡，45克夏威夷坚果，100克菠菜	8	45	40
第2餐	220克钓获黑线鳕鱼，20毫升椰子油，100克西兰花	0	40	20
训练前	黑咖啡加10毫升椰子油	0	0	10
训练中	10克支链氨基酸	0	10	0
训练后	50克乳清蛋白，120克维他高	120	40	2
第3餐	200克大虾，100克四季豆，600克马铃薯，125克红葡萄	112	47	3
第4餐	190克野生捕获金枪鱼，100克菜花，600克红薯	120	50	3
第5餐	150克熏鲭鱼片，100克黄瓜	0	32	37
		360	264	115

周三

饮食计划	宏量营养素成分（克）	碳水化合物	蛋白质	脂肪
第1餐	200克水牛肉末，50克核桃，100克菠菜	10	50	35
第2餐	150克鳟鱼，100克四季豆，30毫升特级初榨橄榄油	3	35	35
第3餐	150克野生捕获鲑鱼，100克羽衣甘蓝，20克草饲黄油，150克藜麦	30	45	25
第4餐	140克鸡胸肉，140克印度糙米，100克西兰花	100	45	6
第5餐	140克火鸡肉末，140克印度香米，100克四季豆	110	45	4
睡前	150克燕麦片，40克酪蛋白，果蔬粉	90	45	13
		343	265	118

周四

饮食计划	宏量营养素成分（克）	碳水化合物	蛋白质	脂肪
第1餐	175克草饲牛排，45克杏仁，100克菠菜	9	50	37
第2餐	170克钓获鳕鱼，25毫升椰子油，100克西兰花	0	30	27
训练前	黑咖啡加10毫升椰子油	0	0	10
训练中	10克支链氨基酸	0	10	0
训练后	50克乳清蛋白，120克维他高	120	40	2
第3餐	150克鸡胸肉，100克四季豆，125克茉莉香米，125克菠萝	115	45	2
第4餐	180克大虾，100克荷包豆，125克印度香米	100	45	3
第5餐	120克火鸡肉末，100克生菜，70克腰果酱	12	42	36
		356	262	117

周五

饮食计划	宏量营养素成分（克）	碳水化合物	蛋白质	脂肪
第1餐	200克草饲精瘦牛肉末，40克巴西坚果，100克菠菜	0	46	35
第2餐	200克钓获鲽鱼，25毫升椰子油，100克西兰花	0	35	28
训练前	黑咖啡加10毫升椰子油	0	0	10
训练中	10克支链氨基酸	0	10	0
训练后	50克乳清蛋白，120克维他高	120	40	2
第3餐	180克大虾，100克四季豆，600克马铃薯，125克红葡萄	115	45	3
第4餐	170克野生捕获金枪鱼，100克西兰花，600克红薯	120	45	3
第5餐	150克鲭鱼，100克黄瓜	0	32	37
		355	253	118

周六

饮食计划	宏量营养素成分（克）	碳水化合物	蛋白质	脂肪
第1餐	4片非烟熏培根片，5个有机鸡蛋，100克菠菜	5	40	35
第2餐	175克沙丁鱼（罐头），100克四季豆，22毫升特级初榨橄榄油（1.5勺）	0	40	40
第3餐	150克野生捕获鲑鱼，100克羽衣甘蓝，20克草饲黄油，150克藜麦	30	45	25
第4餐	150克鸡胸肉，140克印度糙米，100克西兰花	110	48	6
第5餐	150克火鸡肉末，140克印度香米，100克四季豆	110	45	4
睡前	150克燕麦片，40克酪蛋白，果蔬粉	90	45	13
		345	263	123

周日

饮食计划	宏量营养素成分（克）	碳水化合物	蛋白质	脂肪
第1餐	130克草饲牛排，3个有机鸡蛋，100克菠菜	6	50	37
第2餐	150克鲭鱼，100克四季豆	0	32	37
第3餐	150克野生捕获鲑鱼，100克羽衣甘蓝，20克草饲黄油，150克藜麦	30	45	25
第4餐	150克野生捕获金枪鱼，600克红薯，100克西兰花	120	45	2
第5餐	150克火鸡肉末汉堡，140克印度香米，100克四季豆	110	45	4
睡前	150克燕麦片，40克酪蛋白，果蔬粉	90	45	10
		356	262	115

增肌计划：C周

宏量营养素目标：40/30/30分割——3000千卡，300克碳水化合物/225克蛋白质/100克脂肪

训练日和休息日都保持与第1周一样，但以下尖峰日除外。

尖峰日1（4500千卡）：理想状态下应该在一次针对优先改善的身体部分的大运动量训练后进行，以确保肌肉细胞对激增的营养摄入足够敏感。训练后喝两杯蛋白质混合饮料就能让身体摄入更多的营养，特别是考虑到这种激增完全来自“干净”的热量。

尖峰日2（6000千卡）：热量摄入非常高的尖峰日，意味着最好在休息日进行，以确保身体不会因为训练和双倍热量摄入而过分疲劳。每一餐都是混合餐，也包括早餐在内。这一天的最后一餐可以自由选择热量为1000千卡左右的任何食物，只要确保宏量营养素配比大约是50/25/25（碳水化合物/蛋白质/脂肪）就可以了。

周一

饮食计划	宏量营养素成分（克）	碳水化合物	蛋白质	脂肪
第1餐	150克自制鹿肉末汉堡，45克夏威夷坚果，100克菠菜	6	40	37
第2餐	150克钓获黑线鳕鱼，10毫升椰子油，100克西兰花	0	30	11
训练前	黑咖啡加10毫升椰子油	0	0	10
训练中	10克支链氨基酸	0	10	0
训练后	40克乳清蛋白，100克维他高	100	32	2
第3餐	170克大虾，100克四季豆，500克马铃薯，125克红葡萄	100	40	3
第4餐	150克野生捕获金枪鱼，100克西兰花，500克红薯	100	42	2
第5餐	150克熏鲭鱼片，100克黄瓜	0	32	37
		306	226	102

周二

饮食计划	宏量营养素成分（克）	碳水化合物	蛋白质	脂肪
第1餐	175克草饲牛排，65克腰果，100克菠菜	20	52	42
训练前	黑咖啡加10毫升椰子油	0	0	10
训练中	10克支链氨基酸	0	10	0
训练后第1餐	40克乳清蛋白，100克维他高	100	32	2
训练后第2餐	40克乳清蛋白，100克维他高	100	32	2
第2餐	120克鸡胸肉，100克四季豆，110克茉莉香米，100克菠萝	140	40	2
第3餐	150克鳕鱼片，150克印度香米，100克西兰花	115	40	4
第4餐	120克鸡胸肉，100克菜花，110克印度香米	115	40	4
第5餐	120克火鸡肉末，100克羽衣甘蓝，50克腰果酱	13	40	40
		603	286	106

周三

饮食计划	宏量营养素成分（克）	碳水化合物	蛋白质	脂肪
第1餐	175克水牛肉末，40克核桃，100克菠菜	7	45	30
第2餐	150克鳟鱼，100克四季豆，20毫升特级初榨橄榄油	3	30	30
第3餐	150克野生捕获鲑鱼，100克羽衣甘蓝，20克草饲黄油	0	37	22
第4餐	140克鸡胸肉，500克红薯，100克西兰花	100	30	3
第5餐	140克火鸡肉末，125克印度香米，100克四季豆	100	40	4
睡前	150克燕麦片，40克酪蛋白，果蔬粉	90	40	15
		300	222	104

周四

饮食计划	宏量营养素成分（克）	碳水化合物	蛋白质	脂肪
第1餐	150克草饲牛排，40克杏仁，100克菠菜	8	45	32
第2餐	150克鳕鱼片，20毫升椰子油，100克西兰花	0	25	21
训练前	黑咖啡加10毫升椰子油	0	0	10
训练中	10克支链氨基酸	0	10	0
训练后	40克乳清蛋白，100克维他高	100	32	2
第3餐	140克鸡胸肉，100克四季豆，110克茉莉香米，100克菠萝	100	40	2
第4餐	170克巨型大虾，100克荷包豆，110克印度香米	85	40	3
第5餐	120克火鸡肉末，100克生菜，50克腰果酱	8	37	26
		301	229	96

周五

饮食计划	宏量营养素成分（克）	碳水化合物	蛋白质	脂肪
第1餐	200克草饲精瘦牛肉末，30克巴西坚果，100克菠菜	0	45	30
第2餐	150克钓获鲽鱼，10毫升椰子油，100克西兰花	0	32	23
训练前	黑咖啡加10毫升椰子油	0	0	10
训练中	10克支链氨基酸	0	10	0
训练后	40克乳清蛋白，100克维他高	100	32	2
第3餐	175克大虾，100克四季豆，500克马铃薯，125克红葡萄	100	30	2
第4餐	150克野生捕获金枪鱼，100克西兰花，500克红薯	100	40	2
第5餐	150克鲭鱼，100克黄瓜	0	32	37
		300	221	106

周六

饮食计划	宏量营养素成分（克）	碳水化合物	蛋白质	脂肪
第1餐	150克燕麦片，3个大鸡蛋，40克乳清蛋白，果蔬粉	90	70	30
第2餐	200克鳕鱼片，150克印度香米，100克鳄梨，40克核桃，100克四季豆	130	60	40
第3餐	160克鸡胸肉，150克印度香米，30克草饲黄油，100克西兰花	116	50	30
第4餐	160克精瘦火鸡肉末，150克茉莉香米，100克椰奶，100克羽衣甘蓝	122	50	20
第5餐	150克燕麦片，100克香蕉，50克葡萄干，3个大鸡蛋，100毫升液体鸡蛋清	150	50	30
第6餐	任意食物	1000千卡热量，成分包括 50	25	25
		608	280	150+
		1000千卡热量		

周日

饮食计划	宏量营养素成分（克）	碳水化合物	蛋白质	脂肪
第1餐	130克草饲牛排，2个有机鸡蛋，100克菠菜	4	30	28
第2餐	150克鲭鱼，100克四季豆	0	38	32
第3餐	150克野生捕获鲑鱼，100克羽衣甘蓝	0	37	22
第4餐	140克野生捕获金枪鱼，500克红薯，100克西兰花	100	40	3
第5餐	150克火鸡肉末汉堡，125克印度糙米，100克四季豆	100	40	4
睡前	150克燕麦片，40克酪蛋白，果蔬粉	90	45	15
		294	230	104

增肌计划：D周

宏量营养素目标：约3000千卡

理想情况下，应该将摄入500克碳水化合物的日子都安排在专项训练日，或是训练量最大的日子，或者更简单地安排在练腿的日子。摄入250克碳水化合物的日子则安排在强度训练日、练上身或练优先级没那么高的部位的日子。第一个“500克日”后的休息日摄入50克碳水化合物，另外两个休息日则摄入150克。

这个循环可以这样分割——

第1天： 250克碳水化合物，上身

第2天： 500克碳水化合物，下身

第3天： 50克碳水化合物

第4天： 250克碳水化合物，上身

第5天： 500克碳水化合物，下身

第6天和第7天： 150克碳水化合物

或者

第1天： 250克碳水化合物，上身，强度

第2天： 250克碳水化合物，下身，强度

第3天： 50克碳水化合物

第4天： 500克碳水化合物，上身，大训练量

第5天： 500克碳水化合物，下身，大训练量

第6天和第7天： 150克碳水化合物

周一 （250克碳水化合物）

饮食计划	宏量营养素成分（克）	碳水化合物	蛋白质	脂肪
第1餐	175克草饲牛排，45克杏仁，100克菠菜	9	50	37
第2餐	225克鳕鱼片，20毫升椰子油，100克糖荚豌豆	0	40	22
训练前	黑咖啡加10毫升椰子油	0	0	10
训练中	10克支链氨基酸	0	10	0
训练后	50克乳清蛋白，80克维他高	80	40	3
第3餐	160克鸡胸肉，100克茉莉香米，100克西兰花	80	44	2
第4餐	180克大虾，100克印度香米，100克荷包豆	80	40	3
第5餐	140克自制火鸡肉末汉堡，50克腰果酱，100克羽衣甘蓝	8	40	27
		257	264	104

周二 （500克碳水化合物）

饮食计划	宏量营养素成分（克）	碳水化合物	蛋白质	脂肪
第1餐	120克鹿肉末，10毫升椰子油，100克菠菜	0	26	14
训练前	黑咖啡			
训练中	10克支链氨基酸	0	10	0
训练后	40克乳清蛋白，120克维他高	120	32	0
第2餐	110克鸡胸肉，600克马铃薯，100克香蕉，100克西兰花	115	35	2
第3餐	150克鳕鱼片，600克红薯，100克四季豆	120	35	2
第4餐	130克黑线鳕鱼片，100克印度香米，100克羽衣甘蓝	75	30	2
第5餐	120克鹿肉排，100克印度香米，100克芦笋	75	35	3
		505	203	23

周三 （50克碳水化合物）

饮食计划	宏量营养素成分（克）	碳水化合物	蛋白质	脂肪
第1餐	200克精瘦水牛肉末，50克核桃，100克四季豆	9	50	36
第2餐	180克鳟鱼，30毫升特级初榨橄榄油，100克西兰花	4	40	37
第3餐	180克野生阿拉斯加鲑鱼，30克草饲黄油，100克菠菜	0	45	32
第4餐	200克精瘦火鸡肉末，50克花生酱，100克芦笋	4	60	31
第5餐	150克鲭鱼，100克黄瓜	0	32	37
第6餐	200克鸡胸肉，200克红薯，100克羽衣甘蓝	40	48	2
		57	275	175

周四 （250克碳水化合物）

饮食计划	宏量营养素成分（克）	碳水化合物	蛋白质	脂肪
第1餐	175克草饲牛排，45克杏仁，100克菠菜	9	50	37
第2餐	225克鳕鱼片，20毫升椰子油，100克糖荚豌豆	0	40	22
训练前	黑咖啡加10毫升椰子油	0	0	10
训练中	10克支链氨基酸	0	10	0
训练后	50克乳清蛋白，80克维他高	80	40	3
第3餐	160克鸡胸肉，100克茉莉香米，100克西兰花	80	44	2
第4餐	180克大虾，100克印度香米，100克荷包豆	80	40	3
第5餐	140克自制火鸡肉末汉堡，50克腰果酱，100克羽衣甘蓝	80	40	27
		329	264	104

周五 （250克碳水化合物）

饮食计划	宏量营养素成分（克）	碳水化合物	蛋白质	脂肪
第1餐	120克鹿肉末，10毫升椰子油，100克菠菜	0	26	14
训练前	黑咖啡	—		
训练中	10克支链氨基酸	0	10	0
训练后	40克乳清蛋白，120克维他高	120	32	0
第2餐	110克鸡胸肉，600克马铃薯，100克香蕉，100克西兰花	115	35	2
第3餐	150克鳕鱼片，600克红薯，100克四季豆	120	35	2
第4餐	130克黑线鳕鱼片，100克印度香米，100克羽衣甘蓝	75	30	2
第5餐	120克鹿肉排，100克印度香米，100克芦笋	75	35	3
		505	203	23

周六 （250克碳水化合物）

饮食计划	宏量营养素成分（克）	碳水化合物	蛋白质	脂肪
第1餐	200克精瘦水牛肉末，40克核桃，100克菠菜	8	50	30
第2餐	180克鳟鱼，25毫升特级初榨橄榄油，100克四季豆	4	40	33
第3餐	180克野生阿拉斯加鲑鱼，30克草饲黄油，100克羽衣甘蓝	0	44	32
第4餐	200克精瘦火鸡肉末，50克花生酱，100克芦笋	4	60	30
第5餐	225克鳕鱼片，350克红薯，100克球芽甘蓝	70	44	2
第6餐	100克燕麦片，50克乳清蛋白，果蔬粉	65	50	10
		151	288	137

周七 （250克碳水化合物）

饮食计划	宏量营养素成分（克）	碳水化合物	蛋白质	脂肪
第1餐	200克精瘦水牛肉末，40克核桃，100克菠菜	8	50	30
第2餐	180克鳟鱼，25毫升特级初榨橄榄油，100克四季豆	4	40	33
第3餐	180克野生阿拉斯加鲑鱼，30毫升椰子油，100克羽衣甘蓝	0	44	32
第4餐	200克精瘦火鸡肉末，50克杏仁酱，100克菜花	4	60	30
第5餐	225克鳕鱼片，100克印度香米，100克四季豆	75	44	2
睡前	100克燕麦片，50克乳清蛋白，果蔬粉	65	50	10
		156	288	137

减脂计划：第1周

宏量营养素目标：2500千卡，300克蛋白质/70克脂肪/160克碳水化合物

- 这份指导计划是基于体重约200磅（约90千克）、体脂率约12%~13%、每日所需热量约3000千卡的男性制订的。
- 宏量营养素摄入中没有包括蔬菜。每餐的蔬菜摄入量统一规定为100克绿色蔬菜。
- 在某些情况下，为了说得更清楚，数字被四舍五入了。
- 所有的宏量营养素指标和热量指标都是通过MyFitnessPal计算出来的。
- 除支链氨基酸、乳清蛋白、果蔬粉和维他高（最后一周服用）之外，你不需要服用任何补剂。
- 所有的食物都可以在超市和肉店买到。

假定该男性维持体重需要每日摄入3000千卡热量，我们会每日减少500千卡的热量摄入，以引发体内脂肪的消耗，因此热量目标设定在2500千卡。

对于想要调整数据来适应自身体重的读者，热量和宏量营养素应该按如下这样设定。

- **热量：**用能维持体重的热量摄入量减去500千卡，如果对维持体重的热量不确定，用体重（磅）×15作参考。
- **蛋白质：**1.5克/磅体重。
- **脂肪和碳水化合物：**按50/50的比例补足剩余的热量目标。

训练日：每周4天（如周一/周二/周四/周五）

基本说明：在训练前摄入蛋白质和脂肪。高蛋白质摄入量（1.5克/磅体重）可以最大限度地保持肌肉量，同时可以在热量不足的情况下优化蛋白质的合成。训练前一餐食用椰子油以提供训练能量。碳水化合物主要通过训练后和之后的两餐摄入，以最大限度地增加训练后合成代谢的时间，并充分利用训练后葡萄糖转运蛋白4移动增强的有利时机。训练后不再服用碳水化合物粉末，这样可以在节食期间增加饱腹感和摄入的食物体积。

休息日：每周3天

基本说明：每天前三餐主要是蛋白质和脂肪，这有助于增加全天的胰岛素敏感性及促进脂肪氧化。碳水化合物主要安排在每天最后三餐摄入。由于节食期间碳水化合物的摄入量较低，这种安排可能会提高睡眠质量。此外，晚上摄入碳水化合物可以确保第2天训练时糖原储备充足，特别是由于训练前并不会消耗碳水化合物，这样可以确保在训练中表现出色。这种安排也可以改为前两餐摄入蛋白质和脂肪，之后三餐摄入碳水化合物，最后一餐又是蛋白质和脂肪。你可以根据自己的情况在两者之间进行选择。睡前摄入碳水化合物不会影响睡眠的人可以选择前一计划，而睡眠会受到影响的可以选择后一计划。

周一

饮食计划	宏量营养素成分（克）	蛋白质	脂肪	碳水化合物
第1餐	200克草饲牛排，25克杏仁，100克菠菜	50	30	5
第2餐	200克鳕鱼片，15毫升椰子油，100克西兰花	35	15	0
训练中	20克支链氨基酸	20	0	0
训练后	50克乳清蛋白	40	2	3
第3餐（训练后60~90分钟）	200克大虾，100克四季豆，60克印度香米	40	3	47
第4餐	200克鸡胸肉，50克印度香米，10毫升特级初榨橄榄油，100克菜花	50	10	40
第5餐	200克鸡胸肉，100克四季豆，100克燕麦片	65	10	65
		303	70	160

周二

饮食计划	宏量营养素成分（克）	蛋白质	脂肪	碳水化合物
第1餐	200克自制鹿肉末汉堡，25克夏威夷坚果，100克菠菜	46	26	2
第2餐	200克钓获黑线鳕鱼，15毫升椰子油，100克西兰花	34	15	0
训练中	20克支链氨基酸	20	0	0
训练后	50克乳清蛋白	40	2	3
第3餐	200克鸡胸肉，100克四季豆，250克红薯	50	3	50
第4餐	200克野生捕获金枪鱼，15克草饲黄油，200克红薯，100克西兰花	50	14	40
第5餐	200克火鸡胸切块，100克糖荚豌豆，100克燕麦片	60	10	65
		300	70	160

周三

饮食计划	宏量营养素成分（克）	蛋白质	脂肪	碳水化合物
第1餐	220克水牛肉末，15克核桃，100克菠菜	50	15	5
第2餐	200克鳟鱼，100克四季豆	45	12	5
第3餐	200克野生阿拉斯加鲑鱼，半个中等大小的鳄梨	50	25	8
第4餐	250克鳕鱼片，60克印度香米，100克西兰花	50	2	45
第5餐	200克火鸡肉末，75克藜麦，100克四季豆	55	8	47
睡前	75克燕麦片，50克乳清蛋白，果蔬粉	50	8	50
		300	70	160

周四

饮食计划	宏量营养素成分（克）	蛋白质	脂肪	碳水化合物
第1餐	200克草饲牛排，30克腰果酱，100克菠菜	50	30	5
第2餐	200克鳕鱼片，10毫升椰子油，100克西兰花	35	12	0
训练中	20克支链氨基酸	20	0	0
训练后	50克乳清蛋白	40	2	3
第3餐	200克鸡胸肉，100克四季豆，60克茉莉香米	50	2	50
第4餐	200克鸡胸肉，10毫升特级初榨橄榄油，50克茉莉香米，100克青椒	50	12	40
第5餐	200克火鸡肉末，100克生菜，100克燕麦片	55	12	62
		300	70	160

周五

饮食计划	宏量营养素成分（克）	蛋白质	脂肪	碳水化合物
第1餐	200克草饲精瘦牛肉末，40克巴西坚果，100克菠菜	50	35	2
第2餐	200克钓获鲽鱼，15毫升椰子油，100克西兰花	45	20	0
训练中	20克支链氨基酸	20	0	0
训练后	50克乳清蛋白	40	2	3
第3餐	200克大虾，100克四季豆，250克红薯	40	2	55
第4餐	200克野生捕获金枪鱼，100克西兰花，200克红薯	50	2	40
第5餐	200克鸡胸肉，100克甜豆，100克燕麦片	55	9	60
		306	70	160

周六

饮食计划	宏量营养素成分（克）	蛋白质	脂肪	碳水化合物
第1餐	2片非烟熏培根片，4个中等大小的鸡蛋，100克菠菜	34	24	0
第2餐	200克沙丁鱼（罐头），100克四季豆	43	18	0
第3餐	200克野生捕获鲑鱼，100克羽衣甘蓝	50	9	0
第4餐	200克鸡胸肉，60克印度香米，100克西兰花	50	2	45
第5餐	200克火鸡肉末，75克藜麦，100克四季豆	55	7	47
睡前	170克脱脂希腊酸奶，50克乳清蛋白，100克燕麦片	68	10	68
		300	70	160

周日

饮食计划	宏量营养素成分（克）	蛋白质	脂肪	碳水化合物
第1餐	200克羊腿排，2个中等大小的鸡蛋，100克菠菜	55	24	0
第2餐	200克去皮鸡大腿，100克四季豆	37	20	0
第3餐	200克野生捕获鲑鱼，100克羽衣甘蓝	50	8	0
第4餐	200克野生捕获金枪鱼，200克红薯，100克西兰花	50	2	40
第5餐	150克火鸡肉末汉堡，85克藜麦，100克四季豆	43	8	52
睡前	170克脱脂希腊酸奶，45克乳清蛋白，100克燕麦片	65	8	68
		300	70	160
		300	70	160

减脂计划：第2周

宏量营养素目标：2500千卡，300克蛋白质/90克脂肪/110克碳水化合物

这一周我们将保持蛋白质的摄入量不变，但减少50克碳水化合物的摄入，并增加脂肪的摄入量，以确保达到2500千卡热量的目标。

训练日：

随着碳水化合物的摄入减少，有一餐碳水化合物餐被换成了只含蛋白质和脂肪的饮食。碳水化合物安排在训练后和睡前两餐中摄入。后者在低碳水化合物状态和能量不足期间有助于睡眠。

休息日：

有一餐碳水化合物餐被换成了只含蛋白质和脂肪的饮食，这意味着每天只有最后两餐里包括碳水化合物。虽然也可以将碳水化合物平均分布在一天之内摄入，但较低的碳水化合物规定摄入量（110克）意味着如果只将它们放在两餐内摄入的话，每餐可以吃的食物体积就会比较大。

周一

饮食计划	宏量营养素成分（克）	蛋白质	脂肪	碳水化合物
第1餐	200克草饲牛排，40克杏仁，100克菠菜	55	35	7
第2餐	200克鳕鱼片，20毫升椰子油，100克西兰花	35	20	0
训练中	20克支链氨基酸	20	0	0
训练后	50克乳清蛋白	40	2	3
第3餐（训练后60~90分钟）	200克大虾，100克四季豆，60克印度香米	40	3	45
第4餐	200克鸡胸肉，20毫升特级初榨橄榄油，100克菜花	50	20	0
第5餐	200克鸡胸肉，100克四季豆，80克燕麦片	60	10	55
		300	90	110

周二

饮食计划	宏量营养素成分（克）	蛋白质	脂肪	碳水化合物
第1餐	200克自制鹿肉末汉堡，40克夏威夷坚果，100克菠菜	46	37	4
第2餐	200克钓获黑线鳕鱼，20毫升椰子油，100克西兰花	34	20	0
训练中	20克支链氨基酸	20	0	0
训练后	50克乳清蛋白	40	2	3
第3餐	200克鸡胸肉，100克四季豆，250克红薯	50	3	50
第4餐	200克野生捕获金枪鱼，20克草饲黄油，100克西兰花	50	18	0
第5餐	200克火鸡胸切块，100克糖荚豌豆，80克燕麦片	60	10	53
		300	90	110

周三

饮食计划	宏量营养素成分（克）	蛋白质	脂肪	碳水化合物
第1餐	230克水牛肉末，40克核桃，100克菠菜	56	30	8
第2餐	200克鳟鱼，100克四季豆	45	12	5
第3餐	200克野生阿拉斯加鲑鱼，5克草饲黄油，100克糖荚豌豆	50	13	0
第4餐	250克鳕鱼片，半个中等大小的鳄梨，100克西兰花	47	18	7
第5餐	200克火鸡肉末，65克藜麦，100克四季豆	52	8	40
睡前	75克燕麦片，50克乳清蛋白，果蔬粉	50	8	50
		300	89	110

周四

饮食计划	宏量营养素成分（克）	蛋白质	脂肪	碳水化合物
第1餐	200克草饲牛排，40克腰果酱，100克菠菜	51	35	5
第2餐	200克鳕鱼片，20毫升椰子油，100克西兰花	36	21	0
训练中	20克支链氨基酸	20	0	0
训练后	50克乳清蛋白	40	2	3
第3餐	200克鸡胸肉，100克四季豆，65克茉莉香米	50	2	52
第4餐	200克鸡胸肉，20毫升特级初榨橄榄油，100克青椒	50	20	0
第5餐	200克火鸡肉末，100克生菜，80克燕麦片	53	10	50
		300	90	110

周五

饮食计划	宏量营养素成分（克）	蛋白质	脂肪	碳水化合物
第1餐	220克草饲精瘦牛肉末，40克巴西坚果，100克菠菜	50	37	2
第2餐	200克钓获鲽鱼，20毫升椰子油，100克西兰花	45	25	0
训练中	20克支链氨基酸	20	0	0
训练后	50克乳清蛋白	40	2	3
第3餐	200克大虾，100克四季豆，250克红薯	40	2	55
第4餐	200克野生捕获金枪鱼，100克西兰花，15毫升特级初榨橄榄油	50	16	0
第5餐	200克鸡胸肉，100克甜豆，80克燕麦片	55	8	50
		300	90	110

周六

饮食计划	宏量营养素成分（克）	蛋白质	脂肪	碳水化合物
第1餐	4片非烟熏培根片，4个中等大小的鸡蛋，100克菠菜	40	33	0
第2餐	200克沙丁鱼（罐头），100克四季豆	43	18	0
第3餐	200克野生捕获鲑鱼，100克羽衣甘蓝	50	9	0
第4餐	200克鸡胸肉，10毫升特级初榨橄榄油，100克西兰花	45	12	0
第5餐	200克火鸡肉末，65克藜麦，100克四季豆	54	8	42
睡前	170克脱脂希腊酸奶，50克乳清蛋白，100克燕麦片	68	10	68
		300	90	110

周日

饮食计划	宏量营养素成分（克）	蛋白质	脂肪	碳水化合物
第1餐	200克羊腿排，2个中等大小的鸡蛋，100克菠菜	55	25	0
第2餐	200克去皮鸡大腿，100克四季豆	37	20	0
第3餐	200克野生捕获鲑鱼，100克羽衣甘蓝	50	8	0
第4餐	200克野生捕获金枪鱼，半个中等大小的鳄梨，100克西兰花	50	21	8
第5餐	150克火鸡肉末汉堡，60克藜麦，100克四季豆	41	6	38
睡前	170克脱脂希腊酸奶，50克乳清蛋白，90克燕麦片	67	10	64
		300	90	110

减脂计划：第3周

宏量营养素目标：2500千卡，200克蛋白质/55克脂肪/300克碳水化合物

第3周的宏量营养素配比有一个大的变化，我们将采取摄入高碳水化合物、适量蛋白质和低脂肪的方法，仍保持与第1周和第2周相同的热量不足状态。

蛋白质：1克/磅；碳水化合物：1.5克/磅；脂肪：补足剩余的热量目标

训练日：

在饮食的时间安排方面，本周和之前的原则相同，但增加了碳水化合物食物的比例，减少了蛋白质和脂肪的摄入。在时间安排上唯一明显的区别是在早餐中添加了浆果，以帮助实现每天的碳水化合物指标。

休息日：每周3天

早餐保持低碳水化合物状态，以帮助管理胰岛素敏感性，并提高身体在白天的燃脂效率。但在本周内，每天其他各餐都是混合饮食，将碳水化合物平均分布在一天之内摄入，只有睡前一餐的碳水化合物含量略高。本周要非常注意在休息日摄入低密度碳水化合物（如红薯），这能在热量不足时提供体积更大的食物，并有助于保持血糖水平稳定。

周一

饮食计划	宏量营养素成分（克）	蛋白质	脂肪	碳水化合物
第1餐	150克草饲牛排，20克杏仁，100克蓝莓，100克菠菜	40	23	18
第2餐	150克鳕鱼片，15毫升椰子油，100克西兰花	27	15	0
训练中	10克支链氨基酸	10	0	0
训练后	35克乳清蛋白	28	2	2
第3餐（训练后60~90分钟）	150克大虾，120克茉莉香米，100克四季豆	37	2	90
第4餐	100克鸡胸肉，120克印度香米，100克菜花	33	2	90
第5餐	150克燕麦片	25	11	100
		200	55	300

周二

饮食计划	宏量营养素成分（克）	蛋白质	脂肪	碳水化合物
第1餐	150克自制鹿肉末汉堡，25克夏威夷坚果，100克草莓，100克菠菜	36	24	18
第2餐	150克钓获黑线鳕鱼，15毫升椰子油，100克西兰花	26	15	0
训练中	10克支链氨基酸	10	0	0
训练后	35克乳清蛋白	28	2	2
第3餐	120克鸡胸肉，120克茉莉香米，100克四季豆	38	1	90
第4餐	100克金枪鱼排，120克印度香米，100克西兰花	37	2	90
第5餐	150克燕麦片	25	11	100
		200	55	300

周三

饮食计划	宏量营养素成分（克）	蛋白质	脂肪	碳水化合物
第1餐	175克水牛肉末，半个中等大小的鳄梨，100克菠菜	38	20	10
第2餐	120克鸡胸肉，80克藜麦，100克四季豆	38	5	50
第3餐	150克野生阿拉斯加鲑鱼，250克红薯，100克糖荚豌豆	41	6	50
第4餐	150克鳕鱼片，80克藜麦，100克西兰花	37	5	50
第5餐	100克火鸡肉末，250克红薯，10克黄油，100克四季豆	26	10	50
睡前	120克燕麦片，20克无核葡萄干	20	9	80
		200	55	290

周四

饮食计划	宏量营养素成分（克）	蛋白质	脂肪	碳水化合物
第1餐	200克草饲牛排，20克腰果酱，100克蓝莓，100克菠菜	45	24	18
第2餐	130克鳕鱼片，15毫升椰子油，100克西兰花	23	15	0
训练中	10克支链氨基酸	10	0	0
训练后	35克乳清蛋白	28	2	2
第3餐	120克鸡胸肉，120克茉莉香米，100克四季豆	37	1	90
第4餐	100克鸡胸肉，120克印度香米，100克青椒	32	2	90
第5餐	150克燕麦片	25	11	100
		200	55	300

周五

饮食计划	宏量营养素成分（克）	蛋白质	脂肪	碳水化合物
第1餐	220克草饲精瘦牛肉末，40克巴西坚果，100克菠菜	40	22	18
第2餐	150克钓获鲽鱼，15毫升椰子油，100克西兰花	27	17	0
训练中	10克支链氨基酸	10	0	0
训练后	35克乳清蛋白	28	2	2
第3餐	150克大虾，120克茉莉香米，100克四季豆	33	2	90
第4餐	120克野生捕获金枪鱼，120克印度香米，100克西兰花	37	1	90
第5餐	150克燕麦片	25	11	100
		200	55	300

周六

饮食计划	宏量营养素成分（克）	蛋白质	脂肪	碳水化合物
第1餐	2片非烟熏培根片，4个中等大小的鸡蛋，100克菠菜	34	24	0
第2餐	120克鸡胸肉，80克藜麦，100克四季豆	38	5	50
第3餐	150克野生捕获鲑鱼，250克红薯，100克羽衣甘蓝	41	6	50
第4餐	120克鸡胸肉，80克藜麦，100克西兰花	38	6	50
第5餐	100克火鸡肉末，250克红薯，5克草饲黄油，100克四季豆	26	5	50
睡前	130克燕麦片，20克无核葡萄干	23	9	100
		200	55	300

周日

饮食计划	宏量营养素成分（克）	蛋白质	脂肪	碳水化合物
第1餐	150克羊腿排，2个中等大小的鸡蛋，100克菠菜	45	22	0
第2餐	100克火鸡肉末汉堡，80克藜麦，100克四季豆	30	7	50
第3餐	150克野生捕获鲑鱼，250克红薯，100克羽衣甘蓝	40	6	50
第4餐	120克野生捕获金枪鱼，80克藜麦，100克西兰花	36	6	50
第5餐	100克火鸡肉末汉堡，250克红薯，5克草饲黄油，100克四季豆	26	5	50
睡前	130克燕麦片，20克无核葡萄干	23	9	100
		200	55	300
		300	70	160

减脂计划：第4周

本周我们继续维持2500千卡的热量不足状态，但在计划中加入了一些积极的碳水化合物循环，以增强减脂效果。

宏量营养素目标如下所示。

周一：300克蛋白质/120克脂肪/50克碳水化合物；

周二：300克蛋白质/120克脂肪/50克碳水化合物；

周三：250克蛋白质/55克脂肪/250克碳水化合物；

周四：300克蛋白质/75克脂肪/150克碳水化合物；

周五：300克蛋白质/120克脂肪/50克碳水化合物；

周六：300克蛋白质/110克脂肪/75克碳水化合物；

周日：150克蛋白质/35克脂肪/400克碳水化合物。

周一

饮食计划	宏量营养素成分（克）	蛋白质	脂肪	碳水化合物
第1餐	200克草饲牛排，40克杏仁，100克菠菜	55	35	7
第2餐	200克鳕鱼片，20毫升椰子油，100克西兰花	35	20	0
训练中	20克支链氨基酸	20	0	0
训练后	40克乳清蛋白	32	2	2
第3餐（训练后60~90分钟）	200克大虾，100克四季豆，200克红薯	40	3	38
第4餐	150克鸡胸肉，3个中等大小的鸡蛋，15毫升特级初榨橄榄油，100克菜花	58	30	0
第5餐	200克鸡胸肉，50克杏仁酱，100克四季豆	60	30	3
		300	120	50

周二

饮食计划	宏量营养素成分（克）	蛋白质	脂肪	碳水化合物
第1餐	200克自制鹿肉末汉堡，50克夏威夷坚果，100克菠菜	48	45	5
第2餐	200克钓获黑线鳕鱼，20毫升椰子油，100克西兰花	35	20	0
训练中	20克支链氨基酸	20	0	0
训练后	40克乳清蛋白	32	2	2
第3餐	200克野生捕获金枪鱼，100克四季豆，200克红薯	53	2	40
第4餐	200克鸡胸肉，3个中等大小的鸡蛋，15毫升特级初榨橄榄油，100克西兰花	58	28	0
第5餐	200克火鸡胸切块，30克花生酱，100克糖荚豌豆	53	23	3
		299	120	50

周三

饮食计划	宏量营养素成分（克）	蛋白质	脂肪	碳水化合物
第1餐	200克水牛肉末，半个中等大小的鳄梨，100克菠菜	44	20	10
第2餐	175克鸡胸肉，70克藜麦，100克四季豆	49	6	45
第3餐	150克野生阿拉斯加鲑鱼，250克红薯，100克糖荚豌豆	41	6	50
第4餐	175克鳕鱼片，70克藜麦，100克西兰花	41	6	45
第5餐	150克火鸡肉末，250克红薯，10克草饲黄油，100克四季豆	37	11	50
睡前	35克乳清蛋白，60克燕麦片，10克无核葡萄干	38	6	50
		250	55	250

周四

饮食计划	宏量营养素成分（克）	蛋白质	脂肪	碳水化合物
第1餐	200克草饲牛排，20克腰果酱，100克蓝莓，100克菠菜	52	29	18
第2餐	200克鳕鱼片，15毫升椰子油，100克西兰花	36	15	0
训练中	20克支链氨基酸	20	0	0
训练后	40克乳清蛋白	32	2	2
第3餐	200克鸡胸肉，100克四季豆，80克茉莉香米	52	2	64
第4餐	200克鸡胸肉，15毫升特级初榨橄榄油，100克青椒	46	16	0
第5餐	200克火鸡肉末，100克生菜，100克燕麦片	62	11	66
		300	75	150

周五

饮食计划	宏量营养素成分（克）	蛋白质	脂肪	碳水化合物
第1餐	220克草饲精瘦牛肉末，50克巴西坚果，100克菠菜	50	45	2
第2餐	250克钓获鲽鱼，20毫升椰子油，100克西兰花	45	25	0
训练中	20克支链氨基酸	20	0	0
训练后	50克乳清蛋白	40	2	3
第3餐	200克大虾，100克四季豆，220克红薯	40	2	43
第4餐	200克野生捕获金枪鱼，3个中等大小的鸡蛋，10毫升特级初榨橄榄油，100克西兰花	50	23	0
第5餐	200克鸡胸肉，30克榛子酱，100克甜豆	55	22	2
		300	119	50

周六

饮食计划	宏量营养素成分（克）	蛋白质	脂肪	碳水化合物
第1餐	4片非烟熏培根片，4个中等大小的鸡蛋，100克菠菜	40	33	0
第2餐	200克羊腿排，10毫升椰子油，100克四季豆	40	26	0
第3餐	200克野生捕获鲑鱼，20克核桃，100克羽衣甘蓝	52	22	1
第4餐	200克鸡胸肉，半个中等大小的鳄梨，100克西兰花	50	18	8
第5餐	200克火鸡肉末，10克草饲黄油，100克四季豆	46	12	0
睡前	170克脱脂希腊酸奶，50克乳清蛋白，85克燕麦片	72	9	66
		300	120	75

周日

饮食计划	宏量营养素成分（克）	蛋白质	脂肪	碳水化合物
第1餐	100克牛排，10毫升椰子油，100克蓝莓，100克菠菜	29	13	14
第2餐	100克精瘦火鸡肉末，100克无麸质通心粉，100克四季豆	28	4	77
第3餐	100克野生捕获鲑鱼，5克草饲黄油，100克印度香米	33	6	77
第4餐	70克燕麦片，20克无核葡萄干	13	5	60
第5餐	100克精瘦火鸡肉末，100克无麸质通心粉，100克四季豆	28	4	77
睡前	大米布丁：75克印度香米，300毫升脱脂牛奶，1根小香蕉	19	1	95
		150	33	400

减脂计划：第5周巅峰周

现在，巅峰周到了！当你完成了艰苦的训练，也按照之前的饮食计划达到了理想的低体脂水平——无论用了4周还是16周，到最后你都还可以做几件事，来最大程度地展示你的新体形。记住，在开始这个计划之前，你必须已经达到精瘦和“已被掏空”的状态，才能保证这一周计划的效果，否则是不会有什么收获的。

请记住这是一份通用计划，可以根据你身体的精瘦程度、对特定的宏量营养素比例的接受程度以及其他多种因素进行修正。以下计划只是给你一个在“巅峰周”可以如何安排饮食的概念。

计划中不会对水或钠的摄入量有特别要求，应该整周都保持正常摄入水平。巅峰日当天会有一些微小的调整，我们可以在下面的计划中看到。

请注意，这份计划是非常灵活的，如果你已经够精瘦了，就不要一成不变地去执行它，因为每个人都会有不同的反应，需要的食物可能或多或少。

训练日被调整到了周一/周三/周四/周五，其中后3天是轻量的“阻力训练日”，以便让大重量训练日的热量（尤其是碳水化合物）吸收和营养摄入更加高效。

宏量营养素目标如下所示。

周一：275克蛋白质/70克脂肪/150克碳水化合物；

周二：275克蛋白质/70克脂肪/150克碳水化合物；

周三：225克蛋白质/90克脂肪/450克碳水化合物；

周四：225克蛋白质/90克脂肪/300克碳水化合物；

周五：225克蛋白质/90克脂肪/200克碳水化合物；

周六：225克蛋白质/90克脂肪/200克碳水化合物；

周日：无宏量营养素目标，参照下面的巅峰日计划。

周一

饮食计划	宏量营养素成分（克）	蛋白质	脂肪	碳水化合物
第1餐	200克草饲牛排，25克杏仁，100克菠菜	50	30	5
第2餐	200克鳕鱼片，15毫升椰子油，100克西兰花	35	16	0
训练中	20克支链氨基酸	20	0	0
训练后	40克乳清蛋白	32	2	2
第3餐（训练后60~90分钟）	200克大虾，100克四季豆，60克印度香米	40	3	47
第4餐	175克鸡胸肉，10毫升特级初榨橄榄油，60克印度香米，100克菜花	45	12	46
第5餐	175克鸡胸肉，100克四季豆，100克燕麦片	53	7	50
		275	70	150

周二

饮食计划	宏量营养素成分（克）	蛋白质	脂肪	碳水化合物
第1餐	200克水牛肉末，15克核桃，100克菠菜	44	15	5
第2餐	200克鳟鱼，100克四季豆	42	10	0
第3餐	200克野生阿拉斯加鲑鱼，半个中等大小的鳄梨	40	22	8
第4餐	250克鳕鱼片，60克印度香米，100克西兰花	41	3	46
第5餐	200克火鸡肉末，75克藜麦，100克四季豆	54	12	42
睡前	75克燕麦片，50克乳清蛋白，果蔬粉	52	8	49
		273	70	150

周三

饮食计划	宏量营养素成分（克）	蛋白质	脂肪	碳水化合物
第1餐	175克牛排，15毫升椰子油，100克蓝莓，100克菠菜	50	22	14
训练中	20克支链氨基酸，40克维他高	20	0	40
第2餐（训练后60~90分钟）	150克精瘦火鸡肉末，100克无麸质通心粉，100克四季豆	39	5	76
第3餐	150克野生捕获金枪鱼，20毫升特级初榨橄榄油，100克印度香米	45	20	76
第4餐	70克燕麦片，20克无核葡萄干，40克85%黑巧克力	17	26	73
第5餐	150克羊腿排，100克无麸质通心粉，100克四季豆	35	16	76
睡前	大米布丁：75克印度香米，300毫升脱脂牛奶，1根小香蕉	19	1	95
		225	90	450

周四

饮食计划	宏量营养素成分（克）	蛋白质	脂肪	碳水化合物
第1餐	150克草饲牛排，40克腰果酱，100克蓝莓，100克菠菜	44	31	20
第2餐	150克鳕鱼片，15毫升椰子油，100克西兰花	27	15	0
训练中	20克支链氨基酸，40克维他高	20	0	40
第3餐	150克鸡胸肉，100克茉莉香米，100克四季豆	42	2	80
第4餐	150克鸡胸肉，100克印度香米，20毫升特级初榨橄榄油，100克青椒	44	21	77
第5餐	100克燕麦片，35克乳清蛋白，20克85%黑巧克力，15克无核葡萄干	48	21	83
		225	90	300

周五

饮食计划	宏量营养素成分（克）	蛋白质	脂肪	碳水化合物
第1餐	200克草饲精瘦牛肉末，40克巴西坚果，100克菠菜	48	36	1
第2餐	250克钓获鲽鱼，15毫升椰子油，100克西兰花	45	19	0
训练中	20克支链氨基酸，20克维他高	20	0	20
第3餐	200克大虾，250克红薯，100克四季豆	33	2	50
第4餐	120克野生捕获金枪鱼，3个中等大小的鸡蛋，250克红薯，100克西兰花	56	13	50
第5餐	120克燕麦片，20克榛子酱	23	20	80
		225	90	201

周六

饮食计划	宏量营养素成分（克）	蛋白质	脂肪	碳水化合物
第1餐	150克牛排，10毫升椰子油，100克菠菜	35	22	0
第2餐	100克火鸡肉末汉堡，25克杏仁酱，100克四季豆	33	16	2
第3餐	150克野生捕获鲑鱼，250克红薯，100克羽衣甘蓝	41	6	50
第4餐	120克野生捕获金枪鱼，60克印度香米	41	16	47
第5餐	120克鸡胸肉，60克印度香米，10毫升特级初榨橄榄油	33	11	47
睡前	150克羊腿排，80克燕麦片	42	19	54
		225	90	200

巅峰日

既然已经到了体形达到巅峰的日子，我们可以在这一天用一些小技巧，来最大限度地让你显得体形饱满、肌肉发达。这一天没有具体的宏量营养素指标，因为它主要是由你的感觉和你此时看上去的样子决定的（这一周都应该是这样，特别是后半周）。

选择你能很好消化的食物，因为到了这个时候，冒险尝试任何你可能不耐受的食物都可能引起腹胀。你可能已经意识到了，前一天（周六）摄入的蔬菜分量减半了，而且计划中也选择了低纤维食物。这是为了降低肠道充盈的可能性，这会让你的腹部显得漂亮一点儿。

最后，对这一天的一个好建议：在你进行拍照/庆祝达到巅峰之前大约2~3个小时，不妨来一顿高碳水化合物/蛋白质/脂肪/钠的混合餐，因为这可以帮你充实肌肉，有助于让它显得更丰满。

参考计划

第1餐（展示前8小时）	100~150克红肉，1根小香蕉，60克燕麦片，500毫升水
第2餐（展示前6小时）	100克鸡肉，60克大米，500毫升水
第3餐（展示前4小时）	100克鸡肉，60克大米，从现在开始，只有需要解渴时才小口喝一些水
第4餐（展示前2小时）	蛋白质/碳水化合物/脂肪/钠混合餐。比萨或潜艇三明治都是很好的选择
展示前30分钟	2块涂榛子和巧克力酱/花生酱和果冻的米糕（起效迅速的糖类和脂肪）
展示前/展示中	小块巧克力/果冻糖（起效迅速的糖类）

08

健身补剂和保健品

你的收获是获得更好的结果，还是更贵的尿液？我从来没有遇到过一个对结果感到满意，却关心补剂更甚于关心饮食的学员。食物、训练和生活方式是基础，补剂只是在房子建好之后用来装点门面的窗花罢了。

为什么我们中有那么多人沉迷于服用营养补剂呢？主要有两个原因。先理解这些原因，然后你才能迈出第一步：加以控制地谨慎适度地使用这些经常充满争议的产品。

1. 补剂是笔大生意

要是我想在最短的时间内赚最多的钱，我会放弃健身房/私人教练业务，把所有精力都放到创建某个补剂品牌上去。

这项生意的利润高得让人泪流满面，门槛却微不足道，而且（很遗憾）每分钟都有新的笨蛋上当。

你知道英国的运动营养公司销售的几乎所有的蛋白粉都来自同一个爱尔兰生产商吗？我们太多时候都为标新立异的商标和某些夸张的营销宣传付出了额外的费用。

健身杂志是靠来自补剂公司的广告收入支撑的，因此不知情的读者总会无情地被有关补剂极端重要的信息无休止地轰炸了。

那些都是胡说八道。

补剂可以成为非常有用的工具，我自己的补剂柜也总是储备充足。但它们是第三位才需要考虑的问题，重要性排在本书中讲到的其他所有因素之后。

说实话，我甚至根本不想写这一章，因为写的话总是有可能会导致你——亲爱的读者——太过关注补剂的重要性，弄错了重点，结果浪费了大量的时间和金钱。

2. 大家都想要捷径

补剂，特别是由制造商极富侵略性地巧妙营销的补剂，总是为懒惰和缺乏耐心的人准备的，而我们内心深处都潜藏着这样的性格。

每个人都希望能沿着阻力最小的道路前进，希望尽量迅速和毫无痛苦地达到目标。最新的“比类固醇更好”的药丸、粉末或药水总会让我们觉得错过就会上当似的。

我犯过所有的错误，掉进过太多次华而不实的宣传陷阱，我都不敢想自己花了多少冤枉钱。

我希望你不要犯我曾经犯过的错误。

既然你已经彻底沮丧了

如果你现在看着自己的蛋白粉存货，感觉十分沮丧，那么振作起来吧。

以上这些条件都抛开不论，市场上还是有很多不错的补剂产品的——只是别忘了，它们的目的是对一份由真正的天然食品组成的均衡、多样、健康的饮食起到补充作用——而不是替代作用。

任何补剂都不是通往成功的捷径。

你的训练、饮食和休息都要尽可能做好，因为这才是塑身成功的关键。如果你这三项都做好了，那么补剂或许会加快你冲向终点的速度。

需要注意的是，针对其中某些补剂的科学研究还处在模糊状态——至少可以这么说。这是因为受控的大规模人体试验还很昂贵，也很难准确地控制。

话虽如此，但本书中还是包括了下列补剂，因为我相信它们会有助于你达到目标——这是基于我个人作为学员、教练和终极塑身计划的老板的经验得出的结论，在这一过程中，我目睹了成千上万以结果为导向的私人训练客户的塑身结果。

我不能保证其中某种补剂——或任何补剂——会对你有效，没有什么新科技捷径是能保证立刻成功的。但根据我的经验，只要你训练、饮食和休息都做好，补剂还是可以有所作为的。

补剂品牌质量

补剂的质量问题是个雷区。对外行来

说，要知道哪家公司值得信赖，哪家公司会用填料、药效较弱和稀释后的“专有配方”，或是哪家公司完全是在扯谎，实在是太困难了。

我可以给你一份我个人最信任的补剂公司的名单，但这么做的危险是：在你读到这本书的时候，那些公司可能已经面目全非了。如果你觉得我是在危言耸听，就看看“加斯帕里”品牌是如何一落千丈的吧，化验结果显示，他们生产的蛋白粉中蛋白质的含量只有标签含量的一半！

此外，我们经常遇到的情况是许多公司的蛋白粉里都有“氨基酸提升剂”。尽管这听起来好像是你的蛋白粉多了个很酷的新优点，但实际上，它意味着某些不法生产商为了提升总蛋白质含量，把大量甘氨酸和牛磺酸这样的廉价氨基酸掺进了它们的蛋白粉里。

如果你想了解我认为哪些补剂公司的产品能代表目前最出色、最现代化的质量和水平，请在推特上（@HeyNickMitchell）给我留言，或访问www.UltimateTransformation.Guide网站，我会列出一份标注时间的当前推荐名单。

找到你需要的补剂

服用你并不需要的补剂并不会对你有什么伤害，只是会让你的钱包变轻，给你留下价格昂贵的尿液。

在理想世界里，我会像对待终极塑身计划的私人训练客户一样，把你送到实验室去进行一系列血检。当然，我知道对大部分读者来说这是不切实际的，也不在预算范畴之内。那你该如何决定自己应该服用哪种补剂呢？

最好的解决办法是：一次尝试一种产品，观察自己的反应。如果你的消化功能变好了，或是睡眠得到了改善，那么对我来说这就是在框里打钩，这种产品应该放进你的营养库里。但我现在还从来没有遇到过有足够的耐心、坚持用这种办法塑身的人。我也知道我自己肯定做不到！

为了帮你确定某种补剂是否适合你，我会给它评个分数。但这是否意味着得分最高的补剂就适合你呢？不——你必须读完说明文字才能决定试用它是否适合你的目的。此外，在某一项中得分低并不意味着这种产品“糟糕”，可能它只是不那么有效。比方说，对身体健康的作用评分较低并不意味着这种补剂不健康——远非如此——但它确实意味着该产品对健康方面的直接作用较小。

如果我还能给你一条临别建议的话，那就是：单靠补剂永远不能塑身，但在所有与我合作并取得良好结果的塑身者中，良好的饮食都是关键因素。在拿出你的信用卡之前，请好好体会一下这一事实。

顶级健身补剂和保健品

支链氨基酸

它是什么？ 支链氨基酸是在重量训练中服用的补剂。每颗胶囊中都含有按理想（增肌）比例配比的三种氨基酸：亮氨酸、异亮氨酸和缬氨酸。

何时服用？ 训练中。

为什么？ 在训练过程中服用这一补剂有许多优点，包括防止肌肉组织分解和训练后疼痛，加速训练后肌肉恢复和提高睾酮水平等。

对身体健康的作用：2/20

对训练表现的作用：19/20

对身体成分的作用：15/20

总评分：36/60

β－丙氨酸

它是什么？ 一种β氨基酸。

何时服用？ 训练前30分钟左右。

严格遵守标签上的指导用量。

为什么？ 这一补剂能有效提高训练中的专注度和注意力。它能增加肌肉中的肽肌浓度，在高强度训练（如重量训练）中通过缓冲氢离子来提高训练水平，但在有氧训练中无效。

对身体健康的作用：1/20

对训练表现的作用：17/20

对身体成分的作用：10/20

总评分：28/60

肌酸

它是什么？你的肌肉的备用发电机。

何时服用？在训练后的混合饮料里加5克，以补充损失的肌酸储备，或是分开服用，训练前后各服用一半剂量。注意大量喝水：因为肌酸具有吸湿性，会将水分吸收进肌肉，这可能造成脱水。

为什么？人体新陈代谢将肌酸转化为三磷酸腺甙，每次肌肉运动都会消耗三磷酸腺甙。因此，在大重量、高强度的训练中保持充足的肌酸储备是至关重要的，它能给你的肌肉提供所需的能量。换句话说，肌酸能帮助你做到训练时间更长，练得更艰苦。

一言以蔽之：肌酸有用。它价格低廉，已被证明对肌肉和大脑都有益处，它能帮助你举起更大的重量，这会让你长出更多新的肌肉组织。关于肌酸酯和填充物有很多争论，我的建议则是尽量保持简单。只服用基本的肌酸水合物，在训练后的混合饮料里加5克（1茶匙）。在不训练的日子里，把它加到早餐饮料里，这样你就更容易记住要服用它了。

对身体健康的作用：15/20

对训练表现的作用：15/20

对身体成分的作用：15/20

总评分：45/60

维生素D3

它是什么？别把D3当成是一种维生素，要把它当成是一种免疫系统调节激素。

何时服用？每周2次，每次10000~25000国际单位。

为什么？一个残酷的事实是：几乎所有人都缺乏这种绝对至关重要的物质，正像你现在可能已经注意到的，即便改变身体成分是唯一的目标，但我们服用任何补剂的主要目的仍是提高健康水平（我觉得这句话听起来很奇怪，因为如果你是个理性的人，这两个目标应该是一起达到的）。人更健康就会让身体运转得更好，才更有能力在健身房里表现出色，更有能力减脂增肌。很多研究还表明维生素D可以降低许多疾病的风险，包括某些类型的癌症、多发性硬化、高血压、体重减轻等等，甚至可以延年益寿。

维生素D3水平实际上相当容易测试，如果你好好地提出要求的话，大多数医生都会为你做这项测试的。它被称为25-羟基—维生素D测试，最具前瞻性的健康专家推荐的最佳D3水平是在60~80纳克/毫升之间。如果你住在英国，只要把你的测试数据（一般医生最常用的单位是纳摩尔/升）除以2.5就可以了。

对身体健康的作用：20/20

对训练表现的作用：1/20

对身体成分的作用：10/20

总评分：31/60

消化酶

它是什么？这种化合物有助于你的身体更高效地分解吃下去的食物。

何时服用？与食物一同服用。

为什么？俗话说“你吃什么就是什么”，但实际上并非如此，你吸收什么才是什么。

我有个（钟爱的）理论来解释为什么那些消瘦的家伙会一直保持消瘦，因为他们的消化系统不够好，不能吸收一切需要从食物中吸收的营养。消化酶有助于改善这一问题，让你更有效地利用食物。

选择一种补剂，其含有的化合物能帮你从食物中吸收维生素B12和铁，这两者对于保持良好的能量水平都是至关重要的，此外还可以选择胃蛋白酶、草药补剂或龙胆根，它们都能让你的消化系统活跃起来。

对身体健康的作用：15/20

对训练表现的作用：1/20

对身体成分的作用：12/20

总评分：28/60

电解质

它是什么？电解质是身体通过出汗失去的盐分。

何时服用？训练中，特别是在强度较高、出汗较多的训练当中。

为什么？忘记所有花哨的运动前饮料和运动中饮料吧。每个刻苦训练的人都应该在训练中摄入一些额外的电解质，尽管市面上有昂贵的大牌饮料，但廉价的电解质袋和/或补液包也比比皆是，它们就足以起到作用了。你第一次服用它们时，可能会对自己训练耐力的提升感到非常惊喜。

尽量避免含糖或咖啡因的运动饮料，粗心的消费者经常一不小心就上了当。他们除了让你的钱包变轻之外，不大可能对你有任何帮助。

对身体健康的作用：14/20

对训练表现的作用：20/20

对身体成分的作用：10/20

总评分：44/60

谷氨酰胺

它是什么？肠道平静剂。

何时服用？早餐前空腹服用10克溶解于水中的谷氨酰胺有助于肠道修复和正常运转，而训练后服用10克有助于补充谷氨酰胺含量。如果你在遵循低碳水化合物饮食计划，训练后则服用30克，以增加糖原储备。

为什么？这种氨基酸本来就应该存在于你体内，但如果你有肠道问题，或是训练非常刻苦，谷氨酰胺可能就非常适合你，因为它能强化你的肠道内壁，并有助于蛋白质合成。

对身体健康的作用：18/20

对训练表现的作用：5/20

对身体成分的作用：12/20

总评分：35/60

谷胱甘肽

它是什么？ 一种强大的抗氧化自由基，能保护大脑和身体组织不受自由基的伤害。它也对维生素C和维生素E的再循环有作用，这同样有助于减少自由基。

何时服用？ 睡前服用，因为它要与褪黑激素协同作用；但有个非常重要的警告：口服谷胱甘肽没有任何效果，因为它会在胃里被破坏。最佳摄入方式是肌肉注射100~250毫克。

为什么？ 谷胱甘肽水平越高，你的身体就会运作得越好。它被广泛应用于各种治疗当中，从白内障、癌症、哮喘、帕金森氏症到糖尿病的治疗和化疗中的辅助恢复。它不是药物，它应该被视为人类已知的最强大的免疫系统助推器之一。

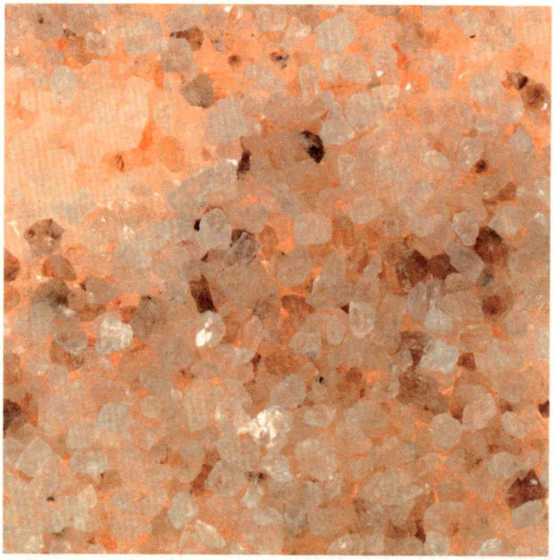

对身体健康的作用：20/20

对训练表现的作用：10/20

对身体成分的作用：8/20

总评分：38/60

喜马拉雅海盐

它是什么？ 未经处理的有色（粉红色）盐类。

何时服用？ 与食物一同服用，或是早上起床后第一件事就是将1/4茶匙海盐溶于一杯水后服用。

为什么？ 这种补剂可能会让你惊讶的！它本身并不是一种补剂，但你可以，也应该在食谱里“补充”它。市场上的精制食盐中，大部分的矿物质已经被去除了，只剩下了被化学漂白的氯化钠，还充满了防止结块的各种添加剂。

喜马拉雅海盐有助于建立健康的电解质平衡，提高水合作用，平衡pH值，改善新陈代谢，降低血压，甚至还有一种观点，认为它有助于肾上腺的复位。

对身体健康的作用：10/20

对训练表现的作用：1/20

对身体成分的作用：5/20

总评分：16/60

罗勒

它是什么？热带地区生长的一种芳香植物。

何时服用？每天早餐和午餐时各服用2片。

为什么？罗勒中发现的化合物可以让你在面对热血上头的日常烦扰时限制你的皮质醇反应。皮质醇是一种压力应激激素，体内皮质醇水平过高是危害非常大的，也会导致腹部储存更多的脂肪。这一补剂还能保护身体免受物理和化学压力的影响，并提高上、下午的精力。

增肌时始终要牢记的一个重要因素就是要让皮质醇—睾酮的平衡向睾酮方向移动，这种激素有各种令人惊奇的作用，有助于你长出新的肌肉组织。罗勒是一种生理调节性草药，能让你在沮丧时振作起来，如果你太“嗨”了，它也能让你平静下来，它能让你更好地应对压力，内分泌系统也运行得更好。这可能是我个人最喜欢的草药补剂了。

对身体健康的作用：10/20

对训练表现的作用：10/20

对身体成分的作用：10/20

总评分：30/60

左旋肉碱

它是什么？主要在红肉中发现的一种化合物。

何时服用？每天500~3000毫克，最好是空腹时服用。

为什么？它在人体内起着许多作用，特别是有助于燃烧存储的脂肪。

对身体健康的作用：10/20

对训练表现的作用：10/20

对身体成分的作用：10/20

总评分：30/60

低渗透性碳水化合物粉末

它是什么？低渗透性/高分子量碳水化合物粉末是能够迅速通过胃部的碳水化合物，其通过胃部的速度和效率都远高于常规碳水化合物粉末产品（如葡萄糖和麦芽糖糊精）。最著名的高分子量碳水化合物的例子是分支环状糊精和维他高。

何时服用？训练中或训练刚结束时立即服用，如果你的训练量足够大，胰岛素敏感性也足够高，就可以使用这类补剂了。一条常用的经验规则是，如果你看不到腹肌层次，那你的体脂率就太高了，不应该在训练中服用碳水化合物。

为什么？高分子量碳水化合物的渗透性可以加快训练后糖原合成的速度，降低分解代谢速率，增加蛋白质的合成。

高分子量碳水化合物家族中的最新产品是“多分支环状糊精”。它的渗透性比维他高更低，作为训练饮料取得了巨大成功。

对身体健康的作用：0/20

对训练表现的作用：18/20

对身体成分的作用：18/20

总评分：36/60

镁

它是什么？镁是一种大家普遍缺乏的矿物质，它对你的最佳健康状况和训练进步程度至关重要。

何时服用？睡前服用，因为它有助于睡眠，能帮助神经系统冷静下来。

为什么？镁是人体内含量第四丰富的矿物质，参与超过300个人体必需的生化反应——从细胞内的能量生产到蛋白质合成，因此镁对你能否取得最佳运动表现至关重要。大部分西方成年人体内的镁含量都不足，尽管这并不会影响你的增肌过程，但你确实很有可能需要补充它。

对身体健康的作用：20/20
对训练表现的作用：5/20
对身体成分的作用：12/20
总评分：37/60

欧米伽3

它是什么？一种人体必需的脂肪酸。

何时服用？每天服用5克。

为什么？欧米伽3主要存在于冷水油性鱼类当中，对身体健康至关重要——研究表明，它有助于防止一系列严重的慢性病，包括癌症和心脏病。减肥时补充欧米伽3特别有效，因为它会促进体内现有脂肪的燃烧利用。

如果你的食谱非常固定，每天都会吃油性鱼类和野生肉类的话，那么你可以不必补充欧米伽3了，因为你从饮食中获得的量已经足够了。

对身体健康的作用：20/20
对训练表现的作用：5/20
对身体成分的作用：14/20
总评分：39/60

多种维生素

它是什么？备份计划。

何时服用？服用这种补剂的话需要一定的持续性。饭前用水送服更合理，这有助于吸收其中所含的微量营养素。

为什么？虽然你不应该依赖多种维生素来弥补糟糕的饮食安排，但高质量的多种维生素有助于填补相对固定的饮食计划中的疏漏。维生素不足可能导致情绪波动、抑郁、嗜睡和疲惫，但每天服用多种维生素有助于你保持进步，并专注于自己的目标。

对身体健康的作用：16/20
对训练表现的作用：5/20
对身体成分的作用：5/20
总评分：26/60

磷脂酰丝氨酸

它是什么？一种有助于大脑正常运转的磷脂，对典型的思考过度、忧虑过度、压力过度、追求结果的人有巨大的好处。

何时服用？训练后服用有助于降低皮质醇水平，或者我个人推荐在睡前服用400~800毫克。

为什么？在我们生活的这个压力过度、节奏过快的世界里，在正确的时间（傍晚或训练后）降低皮质醇水平是至关重要的。对任何想要改善体形的人来说，最大限度地提升睡眠质量和平衡激素系统都应该是最重要的事情，而磷脂酰丝氨酸是帮助你实现这一目标的有效工具。

我推荐的剂量高于大多数研究中使用的剂量，它会让你感到平静——可能是由于皮质醇水平下降造成的，此外，睡眠质量和休息质量都会有所提高。为了获得最佳使用效果，以及在你预算有限的情况下降低成本——毕竟它不是世界上最便宜的产品，我会推荐每周服用三晚，或是在身体或情绪紧张时服用。

对身体健康的作用：4/20
对训练表现的作用：8/20
对身体成分的作用：10/20
总评分：22/60

益生菌

它是什么？对你的肠道有益的健康细菌。

何时服用？标准剂量是在早餐前空腹服用1~2颗胶囊。

为什么？我不喜欢那些典型的增肌补剂，它们制定的目标似乎都是使你“膨胀起来”或是“撕裂开来”。服用大部分补剂的最佳目的应该是让你变得更健康，这样你就有了最好的增肌平台。益生菌就是这方面的一个绝佳例子，在我看来，每个人的补剂柜里都应该有益生菌，无论他的目标是什么，无论他的训练/健康水平如何。

益生菌能改善你的肠道健康（高达80%的免疫系统问题都是由肠道造成的），这些微生物对调节脂肪储存等关键因素都有作用，还涉及其他许多代谢功能，比如（在增肌中）最为重要的蛋白质合成。

你的肠道越健康，你就越容易排出废物，比如训练导致的乳酸和炎症标志物等。这样，你就能更迅速地恢复，而蛋白质合成的提高也会加强你的整体合成代谢反应。

对身体健康的作用：20/20
对训练表现的作用：1/20
对身体成分的作用：5/20
总评分：26/60

舒布硫胺

它是什么？ 硫胺素（维生素B1）的一种合成衍生物。

何时服用？ 训练前或清晨服用20~200毫克。

为什么？ 舒布硫胺是一种神经递质增强剂，因此据说它能改善大脑和身体的许多功能。当然，你服用后会感到注意力更加集中，更有活力，但它同时也用于治疗慢性疲劳和勃起功能障碍，并用于提高记忆力。

对身体健康的作用：10/20
对训练表现的作用：19/20
对身体成分的作用：5/20
总评分：34/60

雌激素控制剂

它是什么？ 二吲哚甲烷/白藜芦醇/莱菔硫烷/绿茶/姜黄/D-葡萄糖二酸钙。

何时服用？ 早餐时服用1~2颗胶囊。

为什么？ 在现代世界里，我们畅游在雌激素的海洋中。这一补剂所含的健康营养制剂已被证明有助于身体健康的雌激素管理，从而改善健康状况，促进睾酮平衡，减少“男性乳房”之类的女性脂肪堆积。

对身体健康的作用：15/20
对训练表现的作用：4/20
对身体成分的作用：14/20
总评分：33/60

睡眠增进剂

它是什么？ L-茶氨酸/菲尼布特*/缬草提取物。

何时服用？ 睡前服用1~2颗胶囊。

为什么？ 如果你能很快入睡，并且躺在床上时能保持睡眠，就不需要服用这一补剂。但如果你有睡眠问题，就会影响到身体成分的结果，那么尝试一下有助于放松神经系统、改善生物钟的补剂会有显著的好处。在购买任何睡眠增进剂之前，请参考第2章中有关如何改善睡眠的建议。

对身体健康的作用：10/20
对训练表现的作用：5/20
对身体成分的作用：10/20
总评分：25/60

睾酮控制剂

它是什么？ 玛咖/蒺藜/胡芦巴。

何时服用？ 每天服用2颗胶囊，每服用2周后停用2周，如此循环。

为什么？ 忘记“这样的补剂能显著提高睾酮水平”这样的想法吧。实际上它做不到，补剂生产商所谓的“类固醇般的效果”的炒作只是无耻的营销谎言。但配比适当的草药可以在短期内提升神经递质多巴胺的水平，从而提高注意力、精力和性欲。

对身体健康的作用：4/20

* 菲尼布特，β-苯基-γ-氨基丁酸提取物，是中枢抑制剂和抑制性神经递质γ-氨基丁酸（GABA）的类似物，或GABA的类似物。作为药物广泛应用于治疗各种疾病，包括创伤后应激障碍、焦虑、抑郁、虚弱、失眠。

对训练表现的作用：6/20
对身体成分的作用：10/20
总评分：20/60

乳清蛋白

它是什么？从乳制品中提取的一种能迅速吸收的蛋白质，通常以粉末形式存在。

何时服用？在训练后混合饮料中加入30~50克。

为什么？乳清蛋白是所有蛋白粉中最棒的一种。它的重要性是由于它所谓的“生物价值尺度”评分非常高。生物价值尺度是一种用于衡量某种特定蛋白质来源的质量的工具。评分越高，就意味着在你服用它之后身体能留住的氮就越多，也就意味着它能更好地帮助你进行合成代谢（也就是我们的目的——增肌！）。

乳清蛋白对你的营养库是个重要的补充。正如我在本书的其他章节里提到的，永远不要痴迷于用补剂代替食物——这是新手很容易犯的一个大错。但由于它吸收迅速，在训练后服用乳清蛋白是一种很好的选择。此外，如果你没时间准备，没办法吃一顿固体食物的话，那么一份乳清蛋白混合饮料加上一把坚果总是很好、很健康的选择。

对身体健康的作用：10/20
对训练表现的作用：10/20
对身体成分的作用：10/20
总评分：30/60

锌

它是什么？锌是一种重要的矿物质，你只能从饮食中摄取。

何时服用？每天10毫克。

为什么？我们有成百上千种基本生物功能都需要锌，其中相当重要的是睾酮的分泌，但许多男性体内的锌含量都很低。在细胞水平上，锌控制着睾酮代谢过程，但这一现象的原因尚不明确。这一补剂可以让体内的锌含量恢复充足，以更好地增肌。

对身体健康的作用：14/20
对训练表现的作用：5/20
对身体成分的作用：12/20
总评分：31/60

09

常见问题解答

如果你有某个具体问题需要我解答，只要它和本书中的计划有关，你就可以在提问时把本书封面当作个人资料头像，我会在推特上回答你的（@HeyNickMitchell）。

饮食计划怎么办?

我要先把这一点说得非常清楚：我讨厌饮食计划！

我希望你花1秒钟时间想一下这件事：你很可能接受自己是个独一无二的人，有独一无二的目标，对无聊的饮食计划有独一无二的忍耐程度，而且每天都会遇到各种真正独一无二的情况，它们决定了你怎么吃，什么时候吃，并经常决定了你会吃什么。而你还希望我能给你制订一份万能的饮食计划?

我的饮食建议是为了让你得到教益，它们不是指令性的教条。严守一份饮食计划就不允许有所偏离，不允许运用常识，也不允许在事情不可避免地偏离计划时进行调整。要是饮食计划里写的是“鸡肉和西兰花”，而你不小心吃了“牛肉和胡萝卜”，你会怎么办? 似乎50%的人会惊慌失措，什么都不吃了，另外50%则会想：“管他呢，我要吃巧克力去了。”显然，两者都不是最佳选择。

如果你能坚持遵守我的几项基本规

则，那么健康饮食是非常简单的。我知道这说起来容易做起来却很难，因为我们每天都会被市场信息轰炸，什么“低脂最佳”“谷物很健康”，还有什么某种可以从管子里挤出来的紫色物质可以算作我们“一日五餐”中的一餐之类的。我向你保证，只要坚持我的基本营养规则，就很难出错，你的余生都会感到精力更充沛，头脑更清晰，身材更精干。

当然，当我们开始谈论如何控制饮食才能更积极地减脂增肌时，一切就开始变得有些复杂了，但即便如此，学习和理解依旧是确保成功的关键因素。

但现在我要自相矛盾地让你去参考第7章了，你在那里可以找到丰富的饮食计划排列组合，能满足你所有的塑身需求。

我为什么会说出这种自相矛盾的话呢？因为经验告诉我，许多人对严格的规则比对灵活的规则反应更好。就这么简单。

你们中的许多人根本不需要一份饮食计划的指导，但有些人会觉得什么都不用管，只要遵守一份列好的计划的话，精神上会轻松些。这两种选择都不会让你变成坏人的。我只关心一件事：尽一切努力让你在最短的时间内取得最大的成绩。

你为什么要列出这么多补剂？

我们列出了一系列可能用到的补剂，这是为了让你对市场上的补剂有更全面的了解。

这并不是希望或建议你过量使用补剂，你应该注意到了，我们的封面模特在12周塑身计划的整个过程中只使用了屈指可数的少数几种补剂。

我预算紧张，还需要为补剂存钱吗？

一句话：不需要。你应该存钱来尽可能买质量最好的食物，忘掉补剂。补剂就像它们的定义一样是“补充品”，你应该首先把钱花在良好的训练环境和优质的、有益健康的、真正的食物上。

我能用混合饮料代替一餐吗？

在完美的世界里，你关注的应该是每餐的固体食物，而不是训练结束后马上摄入的蛋白质混合饮料。但是，你们中的许多人都忙得不可开交，或是很难吃下大量肉食。我对此深表同情，因为我同样也有这个问题。

我们能做点儿妥协，用混合饮料代替一餐吗？是的，我们可以，不过你需要注意以下几条规则。

1. 除了训练后的混合饮料之外，尝试在其他时间服用的乳清蛋白混合饮料里加些纤维素。如果你想增加热量的摄入，就放些坚果；如果减肥是你的主要目的，就放些绿色蔬菜。当然，你要放多少坚果或其他东西完全取决于你特定的饮食方案，所以我不可能为你定量，但即便是很少的量也会对你的血糖产生积极的影响。

2. 我可以接受每天用混合饮料代替一餐（以及训练后服用混合饮料），但你要尽全力确保不越过这一底线。

3. 如果你仅靠吃达不到蛋白质目标，那么每餐吃分量较少的食物，并服用能帮你达到蛋白质目标的蛋白质混合饮料绝对是个好主意。

我能达到和乔一样的效果吗?

有些人会比乔做得更好，有些人则达不到他那种令人激动的完美体形。这其中有许多原因。但显而易见的是：我们每个人都是不同的——生化方面、激素方面、生理方面和心理方面等都有所不同。我可以随便选择1000个人，让每个人都做同样的事（当然，我永远不会这么做的），那我们就会得到1000种不同的结果。

另一个可能导致你的塑身效果和乔有所不同的因素在于他在我手下训练，这是种优势。希望我能说自己是个好教练，这意味着我知道什么时候应该狠推一把，什么时候应该收手，什么时候应该让乔坚持到底。我也有自己的健身房，因此可以把一切布置得尽善尽美。乔和我都明白，你们中绝大多数人没有这样奢侈的条件，因此我们在本书中会提供尽可能多的信息，并且会确保大家总能在社交媒体上找到我们。

我经常听到的一句话是：某人“完美地”执行了某某计划，但却没有得到“任何”结果。

首先，我在健身房里很少见到知道如何刻苦训练的人，所以这总是第一个应该解决的问题。

其次，你们中太多人都会在饮食上作弊，自己却从来没有意识到这一点。这就是饮食日记发挥超级作用的地方了。

最后，期望的结果与现实之间有时存在着可笑的落差。我们见过这样的人：他们超重了20年，在能看到腹肌轮廓之前可能需要减掉50磅脂肪，结果他们却抱怨训练了1周之后还没看到6块腹肌。

稳扎稳打才能赢得身体成分改善之战，如果你每周都能可信地减掉1.5磅脂肪，那么12周之后，你就会减掉18磅。到那时，你无论看起来还是感觉上都会像换了个人。

我受伤了怎么办？

如果不幸在训练期间受伤了，你有两个选择：要么崩溃，让所有的刻苦训练毁于一旦，每天都吃垃圾食品增加体重；要么勇敢地站出来迎接挑战，找到能带伤坚持训练的办法，更加注意自己的营养，这样做的话，尽管速度变慢了，还是可以持续进步。你需要做出自己的选择，所以不要自我放纵地说觉得自己可以放弃的屁话。就算躺在医院的病床上，也不会妨碍你正确饮食的。

至于如何治疗，我无法给出任何具体的信息，原因很明显。如果你觉得看医生有用，就必须毫不犹豫地去看，如果只是小伤（或者更重一点儿），可以坚持训练，那就理智些，避免任何可能导致受伤部位伤势加重的动作。

我的“受伤”奖励建议如下，依我之见，能最有效地减轻疼痛和痛苦也是你能最简单、最直接地控制的方法是：尽一切努力减轻组织炎症，而要做到这一点，最好的办法是清淡饮食，尽可能少的摄入糖和垃圾食品。

要是我破坏了饮食计划该怎么办？我能吃作弊餐吗？

破坏了饮食计划并不意味着世界末日，你不应该让它变成彻底投降的信号，开始3天疯狂的大吃特吃。你一旦破坏了饮食计划，就应该马上回到正轨上来，并试着找出最初导致你偏离计划的原因，这样下一次就可以避开它们了。

在企图激进地改变身体成分的人身上，我经常看到这样一个大问题：太多人总是在问“我什么时候能作弊”。这完全是错误的思维方式。乔·华纳在为期12周的塑身过程中一次都没有作过弊，当然他也想作弊。实际上，他时不时地会念叨着、呻吟着、渴望着某些食物。但他意志坚定，因为他心中有个如此具体的目标，这推动了他内心的“恐惧因素”，要让他自己的行为对别人负责（要很好地完成一项艰难的工作，这总是个很棒的办法）。

我知道你们中很多人读到过作弊餐会“促进新陈代谢”的说法。这是真的，并不只是某种投机取巧的都市减肥神话。但是，要让作弊餐起到促进新陈代谢的作用，你必须首先要做到精瘦、结实、饮食严格才行。当然，如果每周吃一顿分量不大的作弊餐能让你保持理智，那就尽管吃吧，但是别跟自己开玩笑说你“需要”它。

你可以在www.UltimateTransformation.Guide上找到许多关于如何利用作弊餐和尖峰日的例子。

我不能忍受清淡的食物！

你可以按自己的喜好给食物调味。只是要避免加入过量的热量，此外最好彻底避开含糖的调味料。

按你的喜好自由加入盐、大蒜、洋葱、红甜椒粉、辣椒、迷迭香、百里香、醋、牛至、罗勒、辣椒粉和肉桂等香料之后，很多清淡的食物都能被拯救，这还只是列举了少数几个选项。

低碳水化合物让我觉得自己像个僵尸！

假如你睡得很好，也没有陷入只吃蛋白质（以及最少量的脂肪和碳水化合物）的常见陷阱，那么现在该是开始碳水化合物循环的时候了。

我在为减脂进行碳水化合物循环，但它停滞不前！

如果你觉得这个计划对你不起作用，那你首先要做的就是看自己的饮食日记。什么，你没有记？这可能是你犯的第一个错误。如果做了详细记录的话，我们就经

常会为自己吃的东西感到惊讶。你们中有些人吃得太多，有些则吃得太少。

假如你一直在记饮食日记，看起来吃得也不错，那么我们就需要解决训练强度的问题。你的训练量够吗？你训练的强度够吗？

你还需要考虑睡眠和压力的问题，两者在改善身体成分的过程中都是极具影响力的因素。

如果每个框都被勾掉了，但碳水化合物循环依旧停滞不前，那么我们就有两个明显的选项：我们可以走更难的路或是更轻松的路。更难的选项可能意味着在接下来的5天里再把热量摄入量降低20%，然后恢复正常；而轻松选项则正相反——在接下来的5天里把热量摄入量增加20%，然后恢复正常。

我的碳水化合物摄入量增加之后，蛋白质和脂肪的摄入量怎么办？

碳水化合物是我们所谓的“蛋白质替代品”。这就意味着如果你摄入了足够的碳水化合物的话，你的身体在需要能量时就不太可能去动用蛋白质，所以在高碳水化合物循环期间，我们可以略微减少蛋白质的摄入量。一条不错的经验规则是：每多摄入2克碳水化合物，就减少1克蛋白质的摄入，但每天的蛋白质摄入量不要低于1克/磅体重（注意不是公斤！）。

在高碳水化合物循环中，我们也可以控制脂肪的摄入量：即当降低碳水化合物的摄入量时，就提高（优质）脂肪的摄入量，反之亦然。在这里，我的建议是要注意你的整体热量摄入量，并据此来保持平衡。如果你要增加400千卡碳水化合物的摄入，并（在这个例子中）保持相同的蛋白质摄入量，那你当天可能就要减少一定数量来自脂肪的热量。至于具体数量是多少，这取决于你的目标和动力。

我非计算热量不可，行吗？

现在某些圈子里的流行说法是“热量无关紧要”。在我看来，这纯粹是胡说八道——要是你吃了1000千卡热量的坚果，可能不会发胖，但要是你吃了10000千卡热量的坚果，你肯定会肿起来的。但是，计算热量经常会让你对应该如何饮食产生错误的印象，因此，我希望你们中的大多数人关注宏量营养素的摄入，关注从正确的来源摄入的蛋白质和碳水化合物（在很多情况下，脂肪就顺其自然吧）。还用和上面类似的例子：我们认为从巧克力中摄取的1000千卡热量跟从牛肉和西兰花中摄取的1000千卡热量会产生同样的生理影响吗？我真心希望你不会这么想。

我的建议是，要关注你的热量摄入，要知道，你变得越精干，控制热量摄入就显得越重要。但对我们中98%的人来说，关注从规定的食物列表中摄入的宏量营养素目标才是正确的做法。

我有替代训练方式吗？

你希望或需要替换本书某个计划中的某项训练，可能会有以下三个理由。

- 缺少训练设备：需要某些不常见的训练设备时，我们都提供了其他可选动作。
- 你做该项训练时感到伤势疼痛：这是最好的理由，如果你感到某个动作似乎（以任何方式）加重了伤势，就绝对不要去做它。争取找到不会让你感到疼痛的最近似的动作。比如，如果你做杠铃深蹲时下背部感到不适，就试试哑铃深蹲或器械深蹲吧。在这个问题上，你需要自己多做些思考。
- 健身房里人太多了，你没机会用到某些设备：这样你又得随机应变了，由于我不能亲眼看到你的健身房，不能亲自带你做一次训练，所以我能给你的最好建议是：我们只用一对哑铃就可以模仿出非常多的训练动作。

术语汇编

解释本书中部分重要术语的快速指南

复合动作 Compound lift

指的是运动涉及两个或两个以上关节的动作，比如蹲起（动作涉及髋关节和膝关节）或肩部推举（涉及肩关节和肘关节）。复合动作应该构成所有以增肌为目的的训练方案的基础，因为它们能同时作用于更多的肌肉群。

向心收缩 Concentric contraction

每次练习中“举起”重物时，肌肉缩短，发生向心收缩，比如在二头肌弯举动作中，将哑铃从体侧弯举至肩膀高度时，二头肌缩短。向心收缩的速度应该较快，但也应加以控制，以最有力地作用于肌肉。

离心收缩 Eccentric contraction

每次练习中“放下”重物时，肌肉拉长，发生离心收缩，比如在二头肌弯举动作中，将哑铃从肩膀高度放下至体侧时，二头肌拉长。离心收缩又叫负向收缩，速度应该较慢，以尽可能彻底作用于肌肉。离心收缩时，肌肉要比向心收缩时强壮10%~20%，因此，加以控制地缓慢放下重物不仅能减少受伤的危险，还能让每个动作发挥更大的作用。

单一动作 Isolation lift

指的是运动只涉及一个关节的动作，比如二头肌弯举（动作只涉及肘关节）或腿屈伸（只涉及膝关节）。这些动作能很好地针对特定肌肉群进行训练，特别是在每次训练后段可以应用在训练难度较大的肌肉群上，让它们生长得更大块、更强壮。

等长收缩 Isometric contraction

当肌肉发力却未改变长度时，发生等长收缩，比如在腹肌平板支撑动作中，或者当你用手掌和手腕的肌肉握住某个物体时发生的收缩。这种收缩通常不会产生和向心收缩或离心收缩相同大小的力量，但仍是肌肉生长的一个重要部分。

动作幅度 Range of motion

这是指在每次动作中，某个关节或某几个关节的动作幅度。在举重过程中将动作做到可能的最大幅度是非常重要的，这是因为，动作幅度越大，其调动的用于举重的肌肉纤维就越多，也就意味着在每次动作中，你的肌肉的伸展和收缩就做得越好。

次数　Rep

“重复次数”的缩写。一次指的是以完整的动作幅度从起始位置到结束位置做完一个规定动作。每组的次数可能根据训练目标不同而有所不同。

休息时间　Rest

它只是指你在完成一组练习到开始下一组练习之间的休息时间。如果休息时间太短，你还是会太疲劳，无法完成下一组练习；而如果休息时间太长，你就无法建立疲劳累积，后者对肌肉生长和燃烧体内脂肪都是必不可少的。

组　Set

组指的是规定次数的若干连续进行、中间没有休息的练习。对每个练习来说，组数可能根据训练目标不同而有所不同。

超级组　Superset

超级组指的是两个连续进行的不同练习。这种训练方式已被证明是促进肌肉生长的有效方法，因为你可以在更短的时间内训练更多的肌肉群。超级组也是刺激燃脂的好方法，因为你可以迫使心脏和肺部更快地将血液和氧气输送到肌肉。

速度　Tempo

速度指的是你在每次练习中举起和放下重物的速度。速度越慢，肌肉必须用力控制重物的时间就越长，这段时间称为张力时间。速度是用一个四位数代码来具体表示的，比如2010。第一个数字是放下重物所用的秒数，第二个数字是重物停留在动作最低点的秒数，第三个数字是举起重物所用的秒数，最后一个数字则是重物停留在动作最高点的秒数。

张力时间　Time under tension

张力时间指的是在一组动作中，你的肌肉必须用力控制重物的秒数，它是由速度与每组包含次数的乘积决定的。比如，一组12次、以2010速度（2+0+1+0=3秒）进行的训练的总张力时间等于36秒。张力时间是决定肌肉生长最重要的因素之一，因此坚持用每个练习规定的速度进行训练是至关重要的，即便这意味着为了做到这一点需要降低重量。

致谢

把自己的所有想法写成一本大部头可能是每个健身房积年老手的目标。如果没有我最棒的家人、朋友和同事们的支持和信任，我现在可能还只是在考虑这件事，而没有去做。

首先，我所做的一切都是由于马塞拉·库比诺娃在家里支持着我才可能实现。我是有机会传出华丽的传球和忍受古怪的擒杀的四分卫，但她才是确保我每次都能安然无恙出场的那一个。如果没有她的无私奉献，我不可能有机会做到鱼与熊掌兼得，既能为自己的职业生涯而努力，又能享受美好的家庭生活，她用金子般的心和斯拉夫的铁杖守护着我们的家庭。

我的孩子——罗曼和米娅——总是激励着我。而罗曼同时也激励着乔·华纳，在乔刚开始他的12周塑身训练时，6岁的罗曼在一场短跑比赛中赢了33岁的乔！

在某种意义上，我需要用一整章来感谢先后两次为我做封面模特的合作者乔·华纳，但我不得不简而言之。他全身心地投入了12周的塑形过程，尽管作为两本杂志——《硬派生活》和《硬汉》——的编辑和出版人，他自己的时间表忙到荒唐，但他彻底改变了自己的生活，到我在马贝拉岛的训练营里住了3个月。他的诚实、敬业和友谊都是让我投入时间准备这样一本书的重要原因。所谓“没有他这件事我就做不成”是老生常谈，但确实没有比这更接近事实的说法了。

这本书中的内容来自我30多年的从业经验。我不是关在地牢里学到这些东西的，有太多人的帮助曾让我受益，我不可能在这里列出所有人的名字。我在伦敦的“肌肉工厂”健身房里学到了什么才是真正的训练，我也永远感激萨瓦斯·科里亚库和20世纪90年代所有的伟大健美运动员们。路易·德金只要想做，就永远是完美的健身房教练，用心的读者从本书中得到的收获里，有一部分就来自于他的鼓舞。

这本书中的训练方法处处都有查尔斯·伯里库恩的影子。没有人比查尔斯教授训练方法教得更好了，我很自豪能称他是我的朋友。他一直在帮助我，告诉我他认为我的某个想法很出色还是“垃圾”。就像他一贯的方式，说话从不兜圈子。

如果我的好友迈克·威克斯没有把我介绍给出色的经纪人罗伯特·柯比的话，就不会有这本书了。感谢你们两位助它上路，并感谢哈珀柯林斯的出版团队：卡罗琳·索恩、奥兰多·莫布雷、西蒙·加莱特、辛·格林纳威、詹姆斯·恩普林汉、迪安·拉塞尔。

我对所有想法进行测试的实验室就是极限能力（UP）的健身房。我之所以能写出这本书，一大部分功劳要归功于我们遍布全球的团队。总体而言，我需要感谢100多个人，但就个人而言，我要感谢乔·哈尔斯特德——我像信任兄弟一样信任他，他总能用他的分析说服我；格伦·帕克——甚至在UP成立之前，他就已经在UP工作了；埃迪·巴鲁塔——情况开始不妙时，你总能依靠他；阿卡什·瓦格海拉——他制订了详细的饮食计划；还有希迪·夏尔马——只要我需要，她就永远在。

此外，如果没有我的父母——安妮和迈克尔·米切尔——我甚至都不可能开始这一切。是他们给了我信心，让我相信只要我比其他所有人都更努力地工作，我就可以实现自己一生想做的任何事。在某种程度上，这也是我希望读者能从这本书里得到的重要启示。